国学经典｜典藏版

尉缭子 吴子

徐 勇 注译

中州古籍出版社
·郑州·

图书在版编目(CIP)数据

尉缭子　吴子 / 徐勇注译 . —郑州：中州古籍出版社，2018.1（2024.8重印）

（国学经典典藏版）

ISBN 978-7-5348-7264-8

I.①尉…　II.①徐…　III.①兵法-中国-春秋战国时代②《尉缭子》-注释③《尉缭子》-译文④《吴子》-注释⑤《吴子》-译文　IV.① E892.26

中国版本图书馆 CIP 数据核字（2017）第 210320 号

WEILIAOZI WUZI

尉缭子　吴子

责任编辑　杨天荣
责任校对　李新锋
装帧设计　曾晶晶

出 版 社	中州古籍出版社（地址：郑州市郑东新区祥盛街 27 号 6 层　邮编：450016　电话：0371-65788693）
发行单位	河南省新华书店发行集团有限公司
承印单位	郑州印之星印务有限公司
开　　本	640 mm × 960 mm　1/16
印　　张	12
字　　数	145 千字
印　　数	5 001—7 000 册
版　　次	2018 年 1 月第 1 版
印　　次	2024 年 8 月第 3 次印刷
定　　价	45.00 元

本书如有印装质量问题，请联系出版社调换。

目 录

尉缭子

前言 ... 3

卷第一

天官第一 ... 33
兵谈第二 ... 35
制谈第三 ... 39
战威第四 ... 44

卷第二

兵权第五 ... 51
守权第六 ... 55
十二陵第七 ... 57
武议第八 ... 58
将理第九 ... 64

卷第三

原官第十 ... 67

治本第十一	69
战权第十二	72
重刑令第十三	74
伍制令第十四	75
分塞令第十五	76

卷第四

束伍令第十六	79
经卒令第十七	80
勒卒令第十八	81
将令第十九	83
踵军令第二十	84

卷第五

兵教上第二十一	87
兵教下第二十二	90
兵令上第二十三	93
兵令下第二十四	97

附 录

梁惠王年世考	101
《尉缭子》校勘记	111

吴 子

前言	143

卷 上

图国第一	155

料敌第二 _____ 161
治兵第三 _____ 166

卷 下

论将第四 _____ 173
应变第五 _____ 177
励士第六 _____ 182

尉缭子

前　言

我国是一个古代军事文化极为发达的国度。在几千年漫长的历史长河中，在这方古老神奇的土地上，发生的战争难以数计，涌现的军事家灿若群星，形成的兵书、战策卷帙浩繁。我国古代军事理论的基础，就是在春秋战国时期奠定下来的。

春秋战国是我国历史上一个十分重要的时期。在这一历史时期内，虽然列国纷争，战事频繁，但学术文化十分发达，形成了百家争鸣的局面，兵家是当时各家文化中一个重要的学术派别。当时著名的兵家人物，首推孙武，其下则有司马穰苴、吴起、孙膑、尉缭等人。而这一时期最著名的兵书则有《孙子》、《吴子》、《司马法》、《六韬》、《尉缭子》等。其中《尉缭子》一书价值很大，而研究却很不够。直到1972年《尉缭子》竹简的残卷出土后，对《尉缭子》的研究才进入了一个新的时期。

一、《尉缭子》的成书时代和作者

《尉缭子》是我国古代流传下来的一部著名兵书，是研究先秦哲学思想、军事思想和军事制度的重要典籍之一。《汉书·艺文志》、《隋书·经籍志》、《旧唐书·经籍志》、《新唐书·艺文志》和《宋史·

艺文志》等对该书都有著录。南朝学者，特别是唐宋时期的许多学者，都在自己的作品中对该书有所摘引或评论。北宋神宗元丰年间，《尉缭子》和《孙子》、《吴子》、《司马法》、《六韬》、《黄石公三略》、《李卫公问对》一起被编入了《武经七书》，作为必读的军事教材。但自南宋陈振孙《直斋书录解题》怀疑其为伪籍以后，虽也有学者仍相信《尉缭子》"多存古制"、"亡可疑者"，是"战国谈兵者"所著（参见明代宋濂的《诸子辨》和胡应麟的《少室山房笔丛》，以及近人吕思勉的《先秦学术概论》）。然而数百年来，它在许多人的心目中却变成了一部伪书。如"郑樵讥其见名而不见书，马端临亦以为然"（《四库全书总目提要》）。清代姚际恒说："《尉缭子》……其首《天官篇》与梁惠王问对，全仿《孟子》'天时不如地利'章为说，至《战威章》则直举其二语矣。岂同为一时之人，其言适相符合如是耶？其伪昭然。"（《古今伪书考》）清人姚鼐也说："尉缭之书……盖后人杂取苟以成书而已。"（《惜抱轩全集·文集·读司马法六韬》）近人钱穆则怀疑："其殆秦宾客之所为，而或经后人之羼乱者耶？"（《先秦诸子系年·尉缭辨》）而张心澂《伪书通考》、金德建《司马迁所见书考》、黄云眉《古今伪书考补证》等书，甚至直斥《尉缭子》为"伪物"。由于学术界多年来的错误认识，使《尉缭子》一书一直没有得到足够的重视和应有的评价。

1972年在山东省临沂银雀山一号汉墓中出土了《尉缭子》竹简的残卷，经竹简整理小组整理，残简释文刊登于《文物》1977年第2、第3期，其内容与今本及《群书治要》所节录的《尉缭子》基本相同，这就使伪书之说不攻自破了。此后，一些研究《尉缭子》的书籍和文章陆续发表，从新的角度对这部古兵书进行了评估。其中，关于《尉缭子》的成书时代和作者，是这些论著集中讨论的主要问题之一。总的来讲，可以概括出两种主要观点：一种观点认为，该书的作者尉缭是梁惠王时代的人，《尉缭子》成书于战国中期的魏国

（我们简称这种观点为"梁惠王时人说"），其根据是今本《尉缭子》首篇《天官第一》中有"梁惠王问尉缭子曰……尉缭子对曰……"的记载。另一种观点认为，该书的作者尉缭是秦始皇时代的人，《尉缭子》成书于战国晚期的秦国（我们简称这种观点为"秦始皇时人说"），其根据是《史记·秦始皇本纪》中有"十年……大梁人尉缭来，说秦王曰……"的记载。

除了这两种主要观点之外，学术界尚有若干其他说法，需要首先予以简要辩驳。因为出土竹简的银雀山一号墓，已被考古工作者判定为汉武帝初年的墓葬，有人即以此作为《尉缭子》作成与传世的时间下限（参见《尉缭子注释》，上海古籍出版社1978年版等）。我们认为这种说法是站不住脚的。因为：第一，西汉著名的文学家贾谊在其所作的《陈政事疏》中说过"夷狄征令，是主上之操也"的话。宋人王应麟指出此句中"主上之操也"几个字"语出《尉缭子》"（《困学纪闻》），如果王应麟之说正确的话，那么贾谊此前即已读过《尉缭子》一书，而贾谊著《陈政事疏》要早于汉武帝即位三四十年。第二，于银雀山出土的《尉缭子》等兵书，都不避汉初几个皇帝的名讳（参见何法周：《〈尉缭子〉初探》，《文物》1977年第2期）。第三，于汉墓中出土的竹简未必即作成于当时或在当时才开始流传，与《尉缭子》同时出土的《孙子兵法》、《孙膑兵法》、《六韬》等，都不是作成于当时，而早在很久以前就广为流传了。第四，楚汉战争的四年，社会动乱；秦统一后的十五年间，大肆焚书，"非博士官所职，天下敢有藏《诗》、《书》、百家语者，悉诣守、尉杂烧之"（《史记·秦始皇本纪》）。特别是《尉缭子》书中的论述也与这两个时期的实际情况不符。根据这些材料，我们认为判定《尉缭子》作成和流传的时间，不应受出土竹简墓葬本身时代的局限，而应提前到秦统一之前的战国时代，它是先秦古籍毋庸置疑。

有人还曾提出过"依托说"（参见郭沫若：《十批判书·吕不韦

与秦王政的批判》，群益出版社 1947 年版），即认为尉缭本不与梁惠王同时，只是假托与他答对而著此书。但是这种说法也是难以自圆其说的。如果说是秦汉以后的人假托著书，那么出土的《尉缭子》竹简和我们刚才的考辨已完全排除了这种可能性。如果说是秦始皇时的尉缭假托与梁惠王答对而著书，也不符合逻辑。何法周先生在《〈尉缭子〉初探》一文中对此曾作过一番有力的辩说："古代假托的伪作确实是有，但一般假托总要假托更古的人……如果说是秦王政十年时的尉缭假托梁惠王时的尉缭而著书，他们本处于同一个时代，这瞒不住任何人的眼睛。这样的假托，还有什么意义？假托一般总要假托更有名望的人。梁惠王与梁惠王时期的尉缭，一个是连吃败仗、连国都安邑都保不住的败国之君，一个是史无记名、后人几乎怀疑其存在的无名之士，假托他们又能抬高《尉缭子》的几何声价？"这是有道理的。

还有的学者猜测历史上有两个尉缭，一个是"战国中期军事家"，另一个是"战国末期秦国大臣"（参见杨宽：《战国史》，上海人民出版社 1980 年版；《辞海·历史分册·中国古代史》，上海辞书出版社 1981 年版），断定"杂家尉缭，非梁惠王时之兵家尉缭"（马非百：《秦集史》，中华书局 1982 年版）。其实这种"两个尉缭说"同"依托说"一样也存在着明显的漏洞，因为无论持哪种观点的人，都无法否定尉缭是大梁人这一明确记载，两人同名在历史上虽不乏其例，但在短短的几十年内，出现两个都叫尉缭的大梁学者，其著作内容又相近，这种戏剧性的过分巧合是令人难以想象的。

我们还是回到对前述两种主要观点的分析上来，由于持"梁惠王时人说"的学者和持"秦始皇时人说"的学者至今都不能说服对方，而他们各自所依据的那条唯一的原始材料，在现存的先秦古籍中又都没有找到任何可以引为直接旁证的记载。因此，他们为了鉴别《尉缭子》的作者和成书时代，都试图从该书所反映的社会背景和时代特点中去寻求内证。

"梁惠王时人说"者从《尉缭子》书中找出的主要证据是：（一）"作者面对的国家，矛盾重重……民流地废，农战不修，'人有饥色，马有瘠形'，民无定伍，军无定制，'武士不选'，贤能不用。这样的国家，只可能是日趋衰落的梁，而不可能是生气勃勃的秦！"（二）"作者面对的国君问题严重。他不仅在思想路线上倾向于'天官时日阴阳向背'等唯心谬论，而且在政治、经济、军事路线上，也不懂得任地、制民的富国强兵之道……这个人，只有可能是败国之君梁惠王，而不可能是'统一中国'的秦始皇！"（三）"书中引证历史人物、历史事件，也有鲜明的时代特色。从时间顺序上看，只引证到战国前期的吴起为止……从引证的历史事件看，唯独吴起以法治军、与士卒同甘苦而'天下莫当'的事迹最多最详，其中特别是两次提到了'吴起与秦战'这一富有历史特征的史实。"（均见何法周：《〈尉缭子〉初探》，《文物》1977年第2期）（四）"尉缭在本书中，不断地对'世将'提出严厉的批评，正是正确地反映士人向贵族争夺政权的战国早期时代背景。"（郑良树：《竹简帛书论文集》，中华书局1982年版）

"秦始皇时人说"者从《尉缭子》书中找出的主要证据是：（一）"战国时代战争投入的兵员和持续的时间，在早、中、晚期是有明显差别的。《尉缭子》反映了战国晚期的战争规模。"（二）"《尉缭子》体现了战国晚期独有的以仁义为本的战争观。"（三）"1974年发现的秦陵兵马俑军阵，是战国晚期战场情况的写照，它的情况往往能与《尉缭子》所述互相吻合。"（四）"《尉缭子》……记有许多军制条令，往往能与《商君书》和云梦秦简的精神相呼应，证明其作者应与秦有很密切的关系……根据文献记载，当是秦始皇任为国尉的大梁人尉缭。"（均见龚留柱：《〈尉缭子〉考辨》，《河南师范大学学报》1983年第4期）

显然，争论双方所提出的这些理由，除个别问题外，都是持之有故的。但是，他们对于对方提出的理由，却都不能给予全面而有足够说服力的反驳。这个矛盾现象应该怎样解释呢？我们遍集有关史料并经过反复分析后发现：如果把现有的各种历史记载联系起来考察，上述两种观点实际并不矛盾。也就是说，与梁惠王答对的尉缭和在秦始皇十年由大梁入秦的尉缭本是同一个人。因此，我们认为，在没有发现新的可靠证据之前，对仅存的关于尉缭事迹的两条原始记载，根本不可以也不应该去执意否定其中的任何一条！

既然在今本《尉缭子》首篇中有梁惠王问尉缭的话，那么我们首先就应对梁惠王的有关史料作一番认真的考证和探究。梁惠王名罃，于周烈王七年（前369年）继位，即史书中所说的魏惠王，因其在位期间将魏国的都城由安邑（今山西省夏县西北禹王村）迁到大梁（今河南省开封市），所以又称为梁惠王。关于梁惠王的纪年即其在位的时间，史料记载有所不同，甚至司马迁《史记》本身的记述也大相径庭，现分别列举并加以考辨。

《史记·魏世家》记载："三十六年，是岁，惠王卒，子襄王立。"《赵世家》、《六国年表》的记述与《魏世家》同，即认为梁惠王在位仅36年，卒于公元前333年。

《史记·秦本纪》则记载："武王元年，与魏惠王会临晋。"据万国鼎《中国历史纪年表》（中华书局1978年版）换算，秦武王元年为公元前310年。《史记·田敬仲完世家》载："宣王七年，与魏王会平阿南。明年，复会甄。魏惠王卒。"《史记·孟尝君列传》也记有："宣王七年，田婴使于韩、魏，韩、魏服于齐。婴与韩昭侯、魏惠王会齐宣王东阿南，盟而去。明年，复与梁惠王会甄。是岁，梁惠王卒。"据万国鼎《中国历史纪年表》换算，齐宣王八年为公元前312年。而齐国使用的历法为周正，以夏历十一月为岁首，秦国使用的是颛顼历，以夏历十月为岁首，所以实际上《史记·秦本纪》的记载与《史记·田敬仲完世家》、《史记·孟尝君列传》的记载并不矛盾，即认为梁惠王在位59年，卒于公元前310年。

对于以上两种不同的记述，后代的《史记》注疏者也莫衷一是，慨叹："实所不能详考。"（司马贞：《史记·田敬仲完世家·索隐》）既然《史记》对这个问题的记载本身有矛盾，后来的许多学者如晋代荀勖、杜预等人，就用西晋太康二年（281年）在汲郡（今河南省卫辉西南）出土的《竹书纪年》来校正《史记》。遗憾的是《竹书纪年》原简和晋代学者所作的释文早已失传，现在所见到的《竹书纪年》，都是后人从不同的古籍中辑出来的。方诗铭、王修龄编著的《古本竹书纪年辑证》（上海古籍出版社1981年版）一书，汇集了各种版本的《竹书纪年》佚文，现摘引部分有关材料如下：

"《汲冢竹书》：魏惠王亦有后元。"（《史记·孝文本纪·索隐》）

"今案《古文》：惠成王立三十六年，改元称一年，改元后十七年卒。"（《史记·魏世家·集解》）

"古书《纪年篇》，惠成王三十六年改元，从一年始，至十六年而称惠成王卒。"（《春秋经传集解后序》）

《竹书纪年》的记载和其他文献提供的资料都证明了梁惠王在位仅三十六年的说法不可信，杨宽在《战国大事年表中有关年代的考订》一文中，举出两条《竹书纪年》之外的有力证据论证说："原来魏惠王到三十六年没有死，只改元又称一年。"（详见《战国史》，上海人民出版社1980年版，第585页）很明显，《史记》中"梁惠王在位三十六年说"是错误的，现在这一说法已被绝大多数史学家所摒弃。正是因为太史公记述的这个失误，才使得许多学者不能对尉缭其人的大致生卒年代和主要活动时间作出正确估计。如：钱穆先生就曾说过："《史记》尉缭说秦王在始皇十年，今传尉缭书有梁惠王问，年世不相及。"（《先秦诸子系年·尉缭辨》，着重号为笔者所加，下同）由中国军事史编写组编写的《武经七书注译·尉缭子》也认为：

"两个尉缭不可能是同一个人。"（解放军出版社1986年版）钟兆华同志也说："如果把《魏世家》与《秦始皇本纪》联系起来看，'大梁人尉缭来说秦王'，似乎看像是一个人。"（《尉缭子校注》前言，中州书画社1982年版）但因梁惠王的纪年问题没有确定，所以他又认为："那位任秦国尉的尉缭，如果不是《史记》有误的话，该当是另一个人，并非今本《尉缭子》的作者。"（《尉缭子校注》前言，中州书画社1982年版）这个问题现在既然已基本得到了解决，就应当以正确的记述为依据，在新的基点上进行研究。

我们认为，《史记》中梁惠王在位59年，卒于公元前310年的记载比较可信（梁惠王的年代问题比较复杂，不少学者以《竹书纪年》为据，认为梁惠王在位52年，卒于公元前318年。笔者对此持有异议，参见附录拙作《梁惠王年世考》）。如果这一点能够成立的话，那么梁惠王在他晚年与年轻的尉缭答对（正像今本《尉缭子》首篇中所描述的那样），而在秦始皇十年（前237年），年老的尉缭由大梁来到秦国，为秦统一全国献计（正像《史记·秦始皇本纪》中所描述的那样），就是完全可能的。假设在大梁与梁惠王答对时尉缭不满二十岁，那他在秦始皇十年入秦时有九十来岁。要证明以上说法能够成立，我们必须先解决几个关键环节中的问题：

第一个问题：尉缭有无可能在梁惠王在位的晚年与他答对？笔者认为答案应该是肯定的。证据如下：（一）杨伯峻在其编著的《孟子译注》卷一《梁惠王章句上》注［1］中指出："梁惠王在位的最初二十多年之内，在战国诸雄中最为强大，因之第一个自封为王（楚国僭王另当别论）。"范文澜先生在所著《中国通史》第一卷中也认为："秦孝公变法以前，魏是一个最强的国家。"《尉缭子》中所说的"兵败地削"的惨景与梁惠王在位前期的强盛情况是不相符合的，只有在梁惠王屡遭挫折，迁都大梁后的晚年（很可能是最后一两年），才有可能"卑礼厚币以招贤者"（《史记·魏世家》），请各学派的代表人物来提供富国强兵之策，于是"邹衍、淳于髡、孟轲皆至梁"（《史记·魏世家》）。也只有在此之后，尉缭才有可能在与梁惠王答对时，对"国中之制弊"（《制谈》篇）、"国内空，日以削"（《史记·商君列传》）的原因作总结性的分析。（二）孟子曾到魏国多次与梁惠王交谈，在他最后一次会见梁惠王时，梁惠王问："叟不远千里，辱幸至蔽邑之廷，将何以利吾国？"孟子回答说："君不可以言利若是……为人君，仁义而已矣，何以利为！"（《史记·魏世家》）而今本《尉缭子·制谈》篇中有"明赏于前，决罚于后，是以发能中利，动则有功"的提法，似乎很像是尉缭针对孟子言论提出的驳议。战国时代，诸子辩难，往往如此。因此，尉缭见梁惠王当晚于孟子。另外，《孟子·公孙丑下》和《尉缭子·战威》篇中都有"天时不如地利，地利不如人和"的话，并且一字不差。孟子作为儒家学派的重要代表，其言论当时或已广为流传，因而尉缭在回答梁惠王的咨询时予以引用。

第二个问题：尉缭有无可能在不到20岁时就与梁惠王答对并且有卓越的见解？笔者认为这是完全可能的。战国时代，"百家争鸣"，学派林立，私塾必多，20岁以前就富有才华并参与政事的大有人在。据载，荀子"年十五，始来游学"（《风俗通考·穷通》），"甘罗年十二事秦相文信侯吕不韦"（《史记·樗里子甘茂列传》）。在《尉缭子》书中，作者数次以钦佩的口吻谈到吴起，我们再把《吴子》同《尉缭子》相对照，可以判定尉缭在学派观点上对吴起等人是有所继承的。而且尉缭又是大梁一带的人，梁惠王在向各家学派征集富国强兵之策时，一定也愿意听取这位魏国青年学者的意见和主张。

第三个问题：尉缭有无可能活到90多岁并以此高龄入秦？笔者认为不存在否定这种可能的理由。古人的平均寿命虽不如今人长，但不能排除有一些寿星存在，仅史书中明确记载的战国著名人物中就有不少高寿者。如：《战国策·魏策四》"秦魏为与国章"记有："魏人有唐且者，年九十余。"《史记·孟子荀卿列传》也有"齐襄王时，而荀卿最为老师"的记述，史学界公认齐襄王死于公元前265年，那时荀子如果60岁，到公元前238年春申君被李园杀害，"而荀卿废，因家兰陵"（《史记·孟子荀卿列传》），此后，他"推儒、墨、道德之行事兴坏，序列数十万言而卒"（《史记·孟子荀卿列传》），这样算来，荀子享年也达90余岁。另外，战国晚期秦军已逼近大梁城下，到秦始皇十年，尉缭入秦应该是非常容易的。

《史记·秦始皇本纪》记载："十年……大梁人尉缭来，说秦王曰：'以秦之强，诸侯譬如郡县之君，臣但恐诸侯合纵，翕而出其不意，此乃智伯、夫差、湣王之所以亡也。愿大王毋爱财物，赂其豪臣，以乱其谋，不过亡三十万金，则诸侯可尽。'秦王从其计，见尉缭亢礼，衣服食饮与缭同。缭曰：'秦王为人，蜂准，长目，挚鸟膺，豺声，少恩而虎狼心，居约易出人下，得志亦轻食人。我布衣，然见我常身自下我。诚使秦王得志于天下，天下皆为虏矣。不可与久游。'乃亡去。秦王觉，固止，以为秦国尉，卒用其计策。而李斯用事。"司马迁的这段描述，事实甚详细，语气甚肯定，毫无含糊闪烁之词，当有所本。如无新的证据，不便轻易否定。

在秦国"大索，逐客"（《史记·秦始皇本纪》）之后，一个刚入秦的魏国人，仅因献一条计策就被任命为"国尉"（张守节《史记正义》载："若汉太尉、大将军之比也。"）这个秦国最高军事长官的职务，地位竟然在先期入秦的蒙武、李斯等人之上。而且秦王政对原本是"布衣"的尉缭极为谦卑尊敬，以至"衣服食饮与缭同"。即使在得知尉缭指责他"少恩而虎狼心"后也不动怒，而是加以挽留，并派李斯等人负责具体执行尉缭兼并诸侯的战略计划。尉缭入秦后所受到的礼遇和重用，超过了商鞅、张仪、范雎等著名客卿，但却不见其立有军功的记载。按秦制"无功者虽富无所芬华"（《史记·商君列传》）。所有这些，唯一合理的解释是尉缭入秦时年事已高，仅出谋划策而不能亲自带兵（还有一点值得注意，此后关于尉缭的事迹没有任何记载，估计他入秦后不久即死去），年轻的秦王政委任尉缭以高位，正是为了借重他的名望和学识帮助秦国完成统一天下的大业。

班固的《汉书·艺文志》在尉缭名下仅注"六国时"三字，后来许多学者对此颇有微词，但我们从前面的考辨中可以清楚地看出，班固《汉书·艺文志》的注法是简明而正确的。诚然，认为与梁惠王答对的尉缭和秦始皇十年入秦的尉缭是同一个人的观点，目前还是一种推论。但是这种推论同各种历史记载都不矛盾，从哪个方面都讲得通，因而是科学的、合理的。我们认为，研究历史，尤其是研究古代历史，应该在某种程度上利用"断限思维"的方法（亦即借助科学的推论），否则，许多棘手的问题就会因为材料的不足而无从入手。

关于《尉缭子》的作者，还有一个问题需要解决，就是尉缭的"尉"字是姓还是官名的问题。颜师古注《汉书·艺文志》时认为："尉，姓，缭，名也。"而钱穆认为："尉乃其官名……而逸其姓也。"（《先秦诸子系年·尉缭辨》）近人多采取后一种说法，而笔者认为还是颜师古的说法可靠些。司马迁在《史记·秦始皇本纪》中先是说大梁人尉缭来，以后才说他被任命为国尉。如果"尉"是他的官名，难道他在魏国也当国尉吗？据载晋国确也有国尉官职，魏承袭晋并常自称晋，当亦有之。但尉缭入秦后却称"我布衣"，证明他并没在魏国做官。我国先秦时以官名为姓者虽不乏其例，但更多见的是以地名为姓者，如商鞅原姓公孙，叫公孙鞅，因他是卫国人，所以也叫卫鞅，入秦后被封在商地，所以又叫商鞅。明人汪心所修纂的《尉氏县志》确认尉缭的原籍在尉氏（今河南省尉氏县），尉氏战国时属魏地，距大梁不远，尉氏人亦可称为大梁人，与史书记载是一致的。

我们既已知道了《尉缭子》作者的大致生卒年代和主要活动时间，那么他的著作是什么时候、怎样写成的，就能够进行比较正确的判断了。前面谈到，持两种主要观点的学者各举出了今本《尉缭子》

中的一些内容作为理由，这些理由中有个别问题是不成立的。有的"梁惠王时人说"者认为尉缭在书中不断对"世将"提出严厉批评，是反映了战国早期时代背景。这似乎有点绝对化了，各诸侯国中的世袭将领确实是战国早、中期多于晚期，但是战国早、中、晚三期实际上并无很严格的时间界限，不能截然划分。再加上各国政治形势发展的不平衡，"世将"掌权的情况也不是在同一时期内改变的。比如著名的秦将蒙恬就是世袭其父蒙武为将的，只是战国晚期的世袭将领通常本人也立有军功，而不像战国早期的"世将"单纯依靠血缘关系掌权。我们不可以因今本《尉缭子》后12篇中也出现尉缭批评"世将"的个别记载，当作判定《尉缭子》成书年代的根据。有的"秦始皇时人说"者断定战国早期用兵是三五万人；中期用兵一般是10万人；晚期用兵20万人以上。这又似乎有点公式化了，战国时期的战争，由于武器的逐步改进、战术的进步等，日趋激烈是事实。但是，因交战地点、参战国实力以及军事需要的不同，诸国在战争中投入兵力的情况也各异，事实上用兵人数的多少与年代的早晚并非绝对地按正比例发展。《史记·秦本纪》载："献公二十一年，与晋战于石门，斩首六万……秦惠王后元七年……斩首八万二千。"秦献公和秦惠王分别是战国早、中期的诸侯，从以上记载斩首人数看，他们在战争中投入的兵力绝不会仅仅是5万人和10万人。《孙子兵法·作战》载："孙子曰，凡用兵之法，驰车千驷，革车千乘，带甲十万。"《吴子·励士第六》也记有："于是武侯从之，兼车五百乘，骑三千匹，而破秦五十万众。"如根据这两部兵书的记载，孙武用兵已达10万，吴起时已有50万人参加一场战争，这不是比尉缭所说的"今天下诸国士，所率无不及二十万之众"（《制谈》篇）还要多吗？其实尉缭的原意是说如今诸国拥有的兵力都达20万人以上，并不是说一场战争中投入的具体兵力数。况且古书中所说军队多少万往往只是大致数，只能参考，不可固执。我们不可以因今本《尉缭子》前十二篇中有"无不及二十万之众"的议论,"反映了战国晚期的战争规模",而当做判定《尉缭子》成书年代的根据。

除去上述个别问题外,争论双方所提出的理由大都是持之有故的。我们认为,产生这种矛盾现象的主要原因是双方论者都忽视了一个关键性的问题,即"梁惠王时人说"者所征引的内容,绝大多数取自今本《尉缭子》的前12篇,而"秦始皇时人说"者所征引的内容,则绝大多数取自今本《尉缭子》的后12篇。这就说明今本《尉缭子》前12篇(《天官》、《兵谈》、《制谈》、《战威》、《兵权》、《守权》、《十二陵》、《武议》、《将理》、《原官》、《治本》、《战权》)很可能是陆续写成于战国中期的魏国;后12篇(《重刑令》、《伍制令》、《分塞令》、《束伍令》、《经卒令》、《勒卒令》、《将令》、《踵军令》、《兵教上》、《兵教下》、《兵令上》、《兵令下》)则很可能是陆续写成于战国晚期的秦国。张烈同志认为今本《尉缭子》"当出于一人之手",其根据是"《尉缭子》一书,议论前后一致,重复多处"(《关于〈尉缭子〉的著录和成书》,《文史》第八辑,中华书局1980年版),而我们认为这一特点恰恰有助于证明其前后各篇并非作成于同一时期。结合前面的分析,更贴切的说法似乎应该是:《尉缭子》全书的"本源"均来自尉缭,是他不同时期言论集的合编。

二、《尉缭子》的著录和版本

班固的《汉书·艺文志》中,列在杂家类的《尉缭》有29篇,列在兵形势家类的《尉缭》有31篇。由于班固没有对两者之间的关系给予说明,而流传至今的《尉缭子》仅有24篇,与上述两种《尉缭》的篇数均不相符,这就给后人的研究带来了困难。也正是因为这个原因,关于《尉缭子》的著录及其版本,成为历代学者研究该书时集中讨论的又一个主要问题。银雀山竹简《尉缭子》出土以后,对这个问题的争论更加热烈、深入了,但是至今仍然未能形成一致意见。概括起来讲,学术界曾有以下几种主要看法:(一)认为"实际上就只有一种《尉缭》","班固的《汉志》(实际上是刘歆的《七略》)把这部书既分在杂家,又分在兵形势家内,就因为它用的是互著法"(徐召勋:《互著与别裁》,载《学点目录学》,安徽教育出版社1983年版)。(二)认为"杂家《尉缭》、兵家《尉缭》本是一部著作","却被《汉书》的作者班固分在'杂家'与'兵家'两大类中,当成了两部书,从而引起了误解,造成了混乱","今本《尉缭子》就是班固所说的《尉缭》"(何法周:《〈尉缭子〉初探》,《文物》1977年第2期)。(三)认为"兵家和杂家《尉缭》显然是内容不同仅同书名的两本书","杂家书没有流传下来,今本是兵形势家《尉缭》"(钟兆华:《关于〈尉缭子〉某些问题的商榷》,《文物》1978年第5期)。(四)认为"今本《尉缭子》当是原杂家书","兵家书在隋以前就已亡佚","元丰年间编入《武经七书》的正是隋唐时的杂家《尉缭子》"(张烈:《关于〈尉缭子〉的著录和成书》)。

我们认为,以上四种看法中的任何一种都有其难以解释的矛盾,何法周先生的《〈尉缭子〉与互著法——三论〈尉缭子〉》(《史学月刊》1986年第2期)一文和龚留柱先生的《〈尉缭子〉考辨》一文分别对上述四种看法进行了详尽的考辨和驳难,可以参看。龚留柱先生在他的文章中,根据三方面的线索又提出了一种新的见解,即认为今本《尉缭子》应是原杂家和兵家书的两个残本合编而成的一部古代兵书,前12篇基本属于原杂家《尉缭》的内容,后12篇应为原兵家《尉缭》的内容。笔者认为这种看法基本上是正确的,但应作某些补充和说明。

我们判断一部古书属于哪家学派的著作,仍应首先从分析其内容的思想倾向出发。班固在《汉书·艺文志》中对"兵形势家"的概括是:"形势者,雷动风举,后发而先至,离合背向,变化无常,以轻疾制敌者也。"他对"杂家"的概括是:"杂家者流,盖出于议官。

兼儒、墨，合名、法，知国体之有此，见王治之无不贯，此其所长也。及荡者为之，则漫羡而无所归心。"从概念上看，杂家与兵形势家确有不同，但实际上《汉书·艺文志》对所谓"杂家"书和所谓"兵形势家"书进行的划分并不十分科学，明显带有班固或刘向父子、任宏等人主观认识的成分。如：在《汉书·艺文志》中，同是商鞅的著作，被分在"法家类"的有《商君》29篇，被分在"兵权谋家类"的有《公孙鞅》27篇；同是吴起的著作，被分在"杂家类"的有《吴子》1篇，被分在"兵权谋家类"的有《吴起》48篇；同是伍子胥的著作，被分在"杂家类"的有《伍子胥》8篇，被分在"兵技巧家类"的有《伍子胥》10篇。我们从杂家学派的代表作《吕氏春秋》、《淮南子》等书中可以看出，所谓"杂家"其实就是杂取各家学派观点而成的。因此，兵形势家思想作为杂家思想的一个组成部分也未尝不可。另外，班固还在"右杂二十家，四百三篇"句下注有"入兵法"三个字。这些都说明"杂家《尉缭》"与"兵形势家《尉缭》"只有内容侧重上的某些不同，而不能断然地分为两部书。结合前面的论述，我们可以得出这样的看法：《尉缭子》同许多战国时代的作品一样，并非一部系统的专著，而是由尉缭或其弟子根据他的言论在不同时期写成的几十篇作品的合编。最初大约共有60篇，其中29篇的内容杂取了其他学派的观点，具有杂家的色彩，于是到了汉代就被刘歆、班固等列在了"杂家类"，而另外31篇适应战国晚期形势，类似军令实录的作品，就被任宏、班固等列在了"兵形势家类"。东汉以后，逐渐佚失，到了宋代《武经七书》本《尉缭子》成书后，成为官方推广的读物，而古本《尉缭》（包括原杂家部分和原兵形势家部分）因不受重视而失传了。在宋代以前的书籍中，还能见到古本《尉缭》佚文的零星词句。唐代徐坚所著《初学记》卷二十四《宅第八》引《尉缭子》曰："天子宅千亩，诸侯百亩，大夫以下里舍九亩，历代之宅。"李昉等编著的《太平御览》引《尉缭子》曰："天子玄冠玄缨，诸侯素冠素缨，自大夫以下皆皂冠皂缨。"这两段文字是今本《尉缭子》中所没有的。司马迁在《史记·秦始皇本纪》中所引尉缭入秦后的两段议论，虽也不见于今本，但却与《兵教下》篇的某些内容接近，可能也是源自《尉缭子》今已佚失了的部分。另外，在银雀山出土的《尉缭子》竹简中，除了六篇与今本《尉缭子》相同的内容外，还有一些载有《尉缭子》佚文的零散竹简，如："小鱼鱼渊而禽其鱼，中鱼鱼国而禽其士大夫，大鱼鱼天下而禽其万国诸侯。"这段话就具有鲜明的思想和语言特点。除此之外，笔者还怀疑篇名和《兵令》同见于一块篇题木牍的《守法守令等十三篇》残简以及传世的其他先秦书中的某些篇章，也是尉缭著作的佚文，或者与其有某种重要的联系，我们应该把这些文字记载和出土竹简一起作为研究《尉缭子》的重要补充材料。

我们现在所能见到《尉缭子》的版本，除了竹书残简、《群书治要》节录的四篇等古本外，从宋代以来流传的都属于今本《尉缭子》，其中又有《武经七书》和丛书两个系统。而《中国丛书综录》则是以"卷数"的多少来划分的，据该书统计，《尉缭子》有以下主要今本：

《尉缭子》五卷：《武经七书》（影宋钞本、明刊本、清刊本）、《武学经传三种》、《四库全书·子部兵家类》、《重刻武经七书》、《续古逸丛书》、《丛书集成初编·社会科学类》。

《尉缭子》两卷：《子书百家·兵家类》、《百子全书·兵家类》、《清芬堂丛书·子部》、《二十五子汇函》、《子书二十八种》、《子书四十八种》。

《尉缭子》一卷：（清）任兆麟选辑《续述记》。

《尉缭子》九卷：（宋）施子美讲义《施氏七书讲义》。

《尉缭子直解五卷》：（明）刘寅撰《宛委别藏》、《影印明本武经七书直解》。

《尉缭子》（不分卷）：（明）归有光辑评《诸子汇函》。

钟兆华的《尉缭子校注》在上述基础上，又补充例举了一些版本，如：《开宗直解鳌头七书》、《七书参同》、《武经七书全集》、《武经大全纂序集注》、《武经全题讲义通考》、《重刊武经七书汇解》、《武经七书讲义全汇合参》、《钞本兵书七种》、《尉缭子标释》、《韬略世法·尉缭子兵机》等，均可参考。

近人对《尉缭子》也做过一些整理、校勘工作，特别是银雀山竹简出土以来，国内外陆续出现了20余种研究《尉缭子》的著作，这些版本的质量虽然参差不齐，但是都具有一定的参考价值。

关于《尉缭子》，还有一个问题需要说明：

颜师古在《汉书·艺文志注》中引刘向《别录》云"缭为商君学"一句话应怎样理解的问题。有人曾认为尉缭的"许多重要议论与商鞅的见解完全不同"（张烈：《关于〈尉缭子〉的著录和成书》）。还有人认为："与其说尉缭'为商君学'，不如说'为荀子学'或曰'为吕氏学'更合适一些。"（龚留柱：《〈尉缭子〉考辨》）而我们将《尉缭子》与《商君书》及其他古籍中所载商鞅的言论相对照，可以看出他们在不少重要问题上，观点接近，主张相同。至于存在某些分歧，其实那很自然，因为战国时代是思想解放的时代，即使是同一学派的人，其思想观点也未必完全一致。韩非、李斯都是荀子的嫡传弟子，他们与荀子的观点尚有分歧，何况尉缭与商鞅的经历和所处时代都不相同。商鞅死于公元前338年，那时尉缭也许还没有出生。顾实在《汉书·艺文志讲疏》（商务印书馆1927年版）中指出："为商君学者，盖不必亲受业。"这是很有见地的。正因为尉缭的主张对商鞅的刑名之学既有继承，又有变异，所以他的著作才被班固分别列在了"杂家"和"兵形势家"。总之，刘向说"缭为商君学"完全讲得通。而其他一些说法如尉缭是"魏人鬼谷高弟"（《子书百家》本《尉缭子》序，湖北崇文书局开雕）、"尉缭作为信陵君的门客"（张烈《关于〈尉缭子〉的著录和成书》）以及前面谈到的说尉缭"'为荀子学'或曰'为吕氏学'"，等等，大都出于论者的臆测，虽然不能完全否定其可能性，但是只可存疑而没有任何史料作为确凿的依据。

三、《尉缭子》的理论价值和历史地位

（一）《尉缭子》的军事理论概述

我国先秦时期的兵家著作，是前人给我们留下的一笔珍贵的军事学遗产，值得我们认真研究，批判地加以继承。先秦兵书代表作之一的《尉缭子》，具有非常丰富的军事思想，涉及到战略、战术的各个方面，包括了训练、作战等许多问题。

1. 进步的战争观

在本书中，作者吸取了兵家以及其他学派前辈的有关"义兵"和"以战去战"等思想，结合他自己对战争问题的深刻理解，构成了本书进步的战争观。尉缭根据各种战争的不同特点，将它们明确地划分为"挟义而战"（《兵权》篇）和"争私结怨"（《兵权》篇）性质截然相反的两大类。他从当时的社会实际出发，支持进行那种"不攻无过之城，不杀无罪之人"（《武议》篇）、"伐暴乱而定仁义"（《兵令上》篇）的战争，认为这有利于维护"农不离其田业，贾不离其肆宅，士大夫不离其官府"（《武议》篇）的社会安定局面；反对发动那种"杀人之父兄，利人之货财，臣妾人之子女"（《武议》篇）的战争，认为这样滥施武力，杀害无辜，是强盗的行径，会造成社会的极大动乱。尉缭的这种说法虽然也有维护本国君主统治和镇压民众起义的因素，但是同那些表面上鼓吹"去兵"，实际上却穷兵黩武的虚伪言行相比较，他的"义战"思想无疑是有进步意义的。

2. 重视战略决策的作用

所谓战略，就是指导战争全局的计划和策略。尉缭对于战略决策

的作用是非常重视的,在《尉缭子》一书中有较为系统的阐述。他认为取得战争的胜利有"道胜"、"威胜"和"力胜"三种途径(《战威》篇),而最高明的是"道胜",即靠谋略取得的胜利。战国中期军事家孙膑曾说过:"知道,胜。……不知道,不胜。"(《孙膑兵法·篡卒》)他所说的"道"就是尉缭所说的"兵道"(《战权》篇),包括天时、地利、人心、敌情以及作战方式等,是决定战争胜败的关键因素。因此,孙膑认为指挥作战必须"知道",即认识战争的本质和掌握战争的规律。尉缭也强调要"在乎道之所极"(《战权》篇),坚持实事求是的作战方针,战前"高之以廊庙之论"(《战权》篇),制订周密的战争计划,"安其危,去其患,以智决之"(《战权》篇),掌握战争的主动权,造成一种压倒敌人的威势,使自己立于不败之地。

3. 以"权"字为核心的用兵之道

"权"是先秦兵书中经常被提及的一个军事概念,《尉缭子》对此也有较多的论述,这集中体现在三篇以"权"字命名的文章中。在《兵权》篇中,尉缭着重谈到了集中优势兵力这一用兵原则,他指出:"兵以静固,以专胜。"认为部队必须兵力集中,"动静如身",有很强的机动性和对敌进行突然打击的能力,才能取得对敌作战的胜利。他还告诫说:"揞战无胜兵,佻战无全气。"反对打无计划、无准备的仗,提出要"权敌审将,而后举兵"。只有在对敌我双方的情况了如指掌并作了对比研究之后,才有赢得战争胜利的把握。"是故兵不必胜,不可以言战;攻不必拔,不可以言攻。"在《守权》篇中,尉缭则具体论述了关于城市防守的战术问题,除了谈到守城的必要条件和城防布局等问题之外,他还重点论述了城内守军与城外援军如何互相配合,"中外相应",巧妙地打击围城之敌,这是对守城理论上的一个重要贡献。在《战权》篇中,尉缭引用"兵法"说:"千人而成权,万人而成武。权先加人者,敌不力支……"就是说谁能在战争中及时而正确地运用权谋,谁就能夺得战争的主动权。尉缭认为，用兵要真真假假，虚虚实实，"有者无之，无者有之，安所信之？"以高超的指挥艺术去迷惑敌人，使其摸不清我军的真实意图，从而达到克敌制胜的目的。尉缭还提出了"故兵贵先"的观点，主张在战争中要先机而动，突然袭击，速战速决。但他所说的"贵先"并不是一味地快速进攻，而是与沉着冷静、深思熟虑密切结合的。尉缭特别反对那种没有多少胜利的把握就"轻进而求战"的做法，指出这样"必丧其权"。他认为："故知道者，必先图不知止之败，恶在乎必往有功？"当进时要不失时机，先发制人，当止时切不可贪功冒进，招致失败。

4. 灵活多变的"奇正"战术

"正兵合战，出奇制胜"，是历代兵家指挥作战的一种常用方式，也是我国古典兵法中经常被论及的一个重要内容。春秋时代的兵家先驱孙武就曾提出过"凡战者，以正合，以奇胜"（《孙子兵法·势》篇）的观点，尉缭则从战国时代所面临的新的战争特点出发，更加重视对"奇正多变"用兵韬略的研究，《尉缭子》即是一部较早系统地讲述"奇正"问题的军事专著。在本书中，作者根据兵形势家"轻疾制敌"、出奇制胜的作战原则，明确指出："善御敌者，正兵先合，而后扼之，此必胜之术也。"（《兵令上》篇）从而在理论上阐述了运用正兵、奇兵的重要意义和具体方法。尉缭尤为注重在训练和实战中打破一成不变的战法，他讲究奇正配合，避实击虚，主张运用灵活多变的战略战术打击敌人，他所倡议组建的带有奇兵性质的兴军、踵军等部队，以及他提出使用这些奇兵的方式，都是兵家关于"奇正"军事理论的具体应用。尉缭在本书中说过："故正兵贵先，奇兵贵后，或先或后，制敌者也。"（《勒卒令》篇）这段精辟的论述，可以看做是对其"奇正多变"作战思想的一个很好的概括。

5. 指出选拔将帅的重要作用

《尉缭子》一书贯穿着比较进步的人才思想，尉缭很重视为部队选拔得力的指挥者,在许多篇中都重点谈到了这个问题。他把将帅与广大士卒形象地比喻为"心"与"四肢关节"之间的关系,"其心动以诚,则支节必力;其心动以疑,则支节必背"(《兵权》篇)。他以吴起等人与士卒同甘共苦的事迹为榜样,主张:"勤劳之师,将必从己先。故暑不立盖,寒不重裘,有登降之险,将必下步。军井通而后饮,军食熟而后食,军垒成而后舍,饥饱、劳逸、寒暑必身度之。"(《战威》篇)在谈论将帅在战争中的作用时,尉缭指出,他们身系国家安危,责任重大,不仅要把生死置之度外,而且要能够随机应变地指挥作战,具备卓越的指挥才能和坚定的必胜信心。这样在"临难决战"时,就可以做到"将者,上不制于天,下不制于地,中不制于人"(《兵谈》篇),"无主于后,无敌于前"(《武议》篇),充分发挥人的主观能动性和创造精神。尉缭认为,作为一军的统帅,不仅需要具备很高的军事才能,而且还应该有良好的思想品德,他着重指出:"凡将,理官也。"(《将理》篇)就是说将帅既然担负着像法官一样的职责,掌握着生杀大权,就应"不私于一人"(《将理》篇),公正地处置各种事情,以确保部队的团结。用兵打仗也一定要慎重,"见胜则兴,不见胜而止出"(《兵谈》篇),千万不可意气用事,轻易发动战争。他认为,不轻易发怒,不贪图钱财,胸怀宽阔和清正廉洁是一名指挥官必须具有的基本素质,而"心狂"——狂妄自大、"耳聋"——信息不灵、"目盲"——眼光短浅,则是为将帅者的三大弊病,应坚决地加以避免。

6. 对部队训练和管理等问题的论述

尉缭深知完善的管理和严格的训练对于增强部队的战斗力非常重要,因此本书中对这方面的问题也着墨较多。在《兵谈》篇中,他指出平时积极训练,治军有方,才能使部队纪律严明,常备不懈,一旦战争爆发,就能进退得宜,运用自如,"兵之所及",无往不胜。尉缭还强调,在军事训练中要注意培养士卒勇敢果决、舍生忘死的精神,在战场上能够有高昂的士气,"无不腾陵张胆,绝乎疑虑,堂堂者胜成去"。在《勒卒令》篇中,他参照吴起治军的成功经验,着重叙述了金、鼓、铃、旗的指挥作用,以及使用这些信号指挥部队训练和作战的有关步骤、措施等。尉缭不仅一一说明了"鼓之则进,重鼓则击。金之则止,重金则退。铃,传令也。旗麾之左则左,麾之右则右"的各种规定,而且强调了协同指挥、号令一致在训练和作战中的关键作用,他要求:"将、帅、伯,其心一也。"特别是他还效法吴起,采用了"百人而教战,教成合之千人;千人教成,合之万人;万人教成,会之于三军。三军之众,有分有合"的先进训练方法。在《兵令上》篇中,他详细讲述了部队临敌布阵的方法:"兵之恒陈,有向敌者,有内向者,有立陈者,有坐陈[者]。向敌所以备外也,内向所以顾中也,立陈所以行也,坐陈所以止也。立、坐之陈,相参进止,将在其中。坐之兵剑、斧,立之兵戟、弩,将亦居中。"尉缭的这种阵法,具有很强的实战价值,考古工作者于陕西秦始皇陵前发掘的陶俑坑中所见到的,正是这种军阵形式。在《分塞令》篇中,他把阵法与宿营联系起来,要求按照"中军,左、右、前、后军"各支部队列阵时的"分地"来设立军营,据险而守。在各营区的周围"皆营其沟域","方之以行垣",以防备敌军的偷袭。他还建议在营区内实行严格的警戒制度和通行规定,以防范间谍混入。将、帅、伯各级军官在宿营时都要各就各位,不得有误。任何人在营区内不许随便走动,如有违犯就要受到惩罚。在《兵教上》篇中,他从研究将帅、士卒的心理出发,主张"明刑罚,正劝赏,必在乎兵教之法",在部队中实施既严格又讲求方式方法的军事训练,希望以此提高士卒的训练情绪,保证部队的训练质量,"令守者必固,战者必斗",全军上下士气高昂,协调一致。

7. 提倡明赏正罚,以法治军

尉缭同其他许多卓越的军事家一样,在其著作中自始至终大力提倡"明赏正罚",以法治理军队。他首先强调了在军队中确立法制的重要作用和意义:"凡诛者,所以明武也。"(《武议》篇)认为只有"明制度于前,重威刑于后"(《重刑令》篇),才能真正做到"赏如山,罚如溪"(《兵教下》篇),"刑赏明省,畏诛重奸"(《原官》篇)。尉缭严厉地批评了战场上由于将领的无能而产生的种种无制之兵现象,一再要求:"凡兵,制必先定。"(《制谈》篇)指出:"制先定则士不乱,士不乱则刑乃明。"(《制谈》篇)这样部队才能统一号令,协力作战,"民非乐死而恶生也,号令明,法制审,故能使之前"(《制谈》篇)。

尉缭虽然也赞成在某种程度上使用武力来贯彻实施法令,但是他坚决反对滥施刑罚、残酷镇压,而是主张严明法制和道德教育并重,提出:"先礼信而后爵禄,先廉耻而后刑罚,先亲爱而后律其身焉。"(《战威》篇)"夫不爱说其心者,不我用也;不严畏其心者,不我举也。爱在下顺,威在上立,爱故不二,威故不犯。故善将者,爱与威而已。"(《兵权》篇)

尤其值得肯定的是,尉缭坚决主张执法要公正,"有功必赏,犯令必死"(《兵令上》篇)。在治理军队时,必须打破等级的限制进行奖赏和惩罚。他说:"杀之贵大,赏之贵小。当杀而虽贵重,必杀之,是刑上究也;赏及牛童马圉者,是赏下流也。"(《武议》篇)认为只要敢于"刑上究,赏下流",就能"诛一人无失刑"(《制谈》篇)、"父不得以私其子,兄不得以私其弟"(《伍制令》篇),使大家心悦诚服,真正调动起将吏士卒们杀敌立功的积极性。

8. "兵贵精,不贵多"的裁军思想

"兵贵精,不贵多"的裁军思想是《尉缭子》全书中主要的闪光点之一。在《天官》篇中,尉缭称赞周武王伐纣时"以万二千人击纣之亿有八万人,断纣头悬之白旗"这个以少胜多的壮举;在《制谈》篇中,他非常钦佩齐桓公、吴起和孙武分别带领"十万之众"、"七万之众"和"三万之众"就能纵横天下,而严厉批评那些"所率无不及二十万之众者，然不能济功名"的"今天下诸国士"；在《战威》篇中，他强调："武士不选则士不强"，在《将理》篇中，他指出"十万之师出，费日千金"；在《兵令下》篇中，他有感于军费负担沉重，"国内空虚尽竭"，郑重地提出了效法前人裁减军队的想法，他说："百万之众而不战，不如万人之尸；万人而不死，不如百人之鬼。"过去曾有不少人认为，《尉缭子》中有片面鼓吹严刑峻法的"思想糟粕"，其根据是，在《兵令下》篇中有"古之善用兵者，能杀士卒之半，其次杀其十三，其下杀其十一……"一段话，其实这实在是一个很大的误解，这里的"杀"字应训为"裁减"，这段话的意思是，能用比别人少一半或者少十分之三、十分之一的兵力去战胜敌人，才是"善用兵者"。这同在上述各篇中所体现的裁军思想，是完全一致的。

（二）《尉缭子》的哲学思想试析

《尉缭子》不仅是一部优秀的军事著作，同时也是一部优秀的哲学著作。我们知道，任何一种军事思想的提出，都是以某种特定的哲学思想为基础的。在本书中，作者能够自觉地、鲜明地将自己的军事理论建筑在坚实的唯物主义哲学基础上，坚持用朴素的辩证法思想去论述战争问题，因此在《尉缭子》全书中始终贯穿着实事求是的进步认识论。

兵阴阳家所宣扬的"天官、时日、阴阳、向背"思想，在战国时代流传甚广，影响很大。尉缭同他们进行了坚决的斗争，他继承了西周、春秋以来朴素唯物论者"天人相分"的进步观点，以很多实际战例为依据，指出决定战争胜负的因素根本不是什么"阴阳向背"那一套，而在于人的主观因素。尉缭从理论上反对兵阴阳家的错误思想，也反对"时日"、"卜筮"、"祷祠"等迷信做法。主张要面对现实，根据客观情况因势利导，努力进取，充分发挥人的主观能动作用。在《天官》篇中，他明确指出："'先神先鬼，先稽己智者，谓之天官。'以是观之，人事而已矣。"在《战威》篇中，他又进一步总结说："故曰：举贤用能，不时日而事利；明法审令，不卜筮而事吉；贵政养劳，不祷祠而得福。故曰：天时不如地利，地利不如人和。圣人所贵，人事而已矣。"（在《武议》篇中也有类似的论述）尉缭非常厌恶和蔑视那种靠迷信鬼神来进行战争的做法，他说："今世将考孤虚，占咸池，合龟兆，视凶吉，观星辰风云之变，欲以成胜立功，臣以为难。"（《武议》篇）《孙子兵法》中尚存有"天者，阴阳、寒暑、时制也"（《计》篇）的观点；《吴子》中论兵，也还不能完全摆脱神鬼的束缚，它认为："是以有道之主……不敢信其私谋，必告于祖庙，启于元龟，参之天时，吉乃后举。"（《图国》篇）比较起来，可以看出尉缭的认识较之孙武、吴起的认识，已经有了意义重大的飞跃。尉缭的哲学思想不仅具有鲜明的进化论和无神论特色，承认宇宙的客观存在及其在时间和空间上的无限性，而且能够以辩证的、发展的眼光看问题，这在当时是十分难能可贵的。针对当时人们的某些观念，尉缭提出了"苍苍之天，莫知其极，帝王之君，谁为法则？往世不可及，来世不可待，求己者也"（《治本》篇）这段很有勇气的话，正因为他具备了这样坚实的哲学基础，才使得其作品能够在先秦的军事著作中独树一帜，特点鲜明。

"气"在先秦时代是一个十分重要的哲学概念，在各家的经典著作中对此都有论及。兵家著作也不例外，《孙子兵法·军争》篇讲："故三军可夺气。"《吴子·料敌》篇讲："先夺其气。"《尉缭子》中也将"气"这一概念直接用于阐述军事问题，尉缭说："夫将之所以战者，民也；民之所以战者，气也。"（《战威》篇）意思是说在实际战争中，影响胜负的除了物质力量的因素外，还有精神力量的因素。"气实则斗，气夺则走"（《战威》篇），即一支军队的士气高低、精神状态如何，直接关系着战争的结局。由此，他进一步要求军队的指挥者要想方设法使部队提高士气，同时要千方百计地使敌人士气低落。

从理论上探索战争的实质问题，进而揭示出战争发生的根源，是先秦军事学研究的一大课题。成书于春秋末期的《孙子兵法》还没有能把政治与军事紧密地联系起来论述，成书于战国前期、中期的《吴起兵法》和《孙膑兵法》虽然阐明了军事同政治的相互关系，并且提出了对付各种类型战争的较为具体的方略，但是它们对于战争本质问题的论述以及对于战争性质的划分仍然是比较粗浅的。而《尉缭子》对此则在理论阐述上有所突破。作者首先根据政治性质的不同，把战争分为"挟义而战"和"争私结怨"两大类，直接指明了经济利益的冲突是产生战争的根本原因。对于政治与军事之间的关系，尉缭从辩证的角度提出见解："兵者，以武为栋，以文为［植］；以武为表，以文为里；以武为外，以文为内。能审此三者，则知所以胜败矣。"(《兵令上》篇) 这段话的意思是说，政治对于战争有决定性的影响，而战争也对政治有很大的反作用。他把军事与政治形象地比喻为"栋"（房梁）和"植"（立柱）的关系，二者缺一，房子就会倒塌。正如作者所描述的："兵之用文武也，如响之应声，如影之随身也。"(《兵令上》篇) 尉缭认为，要想取得军事上的胜利，首先要求当权者在政治上取得成功，"故兵胜于朝廷，胜于丧纪，胜于土功，胜于市井"(《兵谈》篇)。他主张把治军与治国特别是国家的改革结合起来。只有不断进行政治改革，国家才能真正治理好，只有治理好了国家，军队才能强大起来，才能在对外作战中保持强大的态势，取得"车不发轫，甲不出橐，而威服天下"(《兵谈》篇) 和"兵不血刃而天下亲"(《武议》篇) 的战略效果。而军队强大了，在战场上打了胜仗，反过来又保卫和促进了内部政治改革的顺利进行。这就是"战胜于外，福生于内，胜福相应，犹合符节"(《兵谈》篇) 的名句。尉缭还从军事与经济的关系出发，指出部队作战需要有雄厚的物质力量为后盾，他特别强调要发展农业生产和加强对市场的管理，只有解决好这两方面的问题，才能保证本国的军需供给，而不至于出现"出不足战，入不足守"（《武议》篇）的现象。尉缭认为只有广大民众生活得到改善，"故充腹有粒，盖形有缕"（《治本》篇），国家也"有储蓄"（《治本》篇），富国强兵才可能真正实现。《尉缭子》的哲学思想，较之成书约早200年的《孙子兵法》，在理论的系统性和逻辑的严密性上都有了明显的提高，它的某些论述，在几千年后的今天仍然具有一定的借鉴意义和参考价值。

（三）《尉缭子》的史料价值评估

因为人们过去把《尉缭子》错误地当做伪品而不敢加以引用，致使本书中许多珍贵的第一手资料没有得到发掘和利用，这种现象是令人十分遗憾的。现在，我们既然已经确认《尉缭子》是成书于战国时代的可靠古籍，就应给予它与其他先秦诸子的著作同样的重视，把它作为研究先秦历史重要的材料来源之一。

班固在《汉书·艺文志》中把战国兵家分为"权谋"、"形势"、"阴阳"、"技巧"四个不同学派，而《尉缭子》是现存唯一的兵形势家著作。从它所提供的丰富内容中，我们可以对兵形势家这一学派著作的特点有一个比较具体和准确的认识。如果没有《尉缭子》的存在，就只能局限于从班氏所下定义的字面上去理解"兵形势家"了。而在各种战国兵家著作中，含有较多消极内容，对实际战争也没什么指导作用的兵阴阳家书现已佚失殆尽，不易研究。《尉缭子·天官》篇中保留的有关兵阴阳家的若干观点学说，以及尉缭对其的批评驳议，客观上为我们了解、研究战国时代兵家各学派之间在思想上、理论上的斗争情况，提供了有价值的线索。

《尉缭子》中还记载和描述了许多重要的历史事件和历史人物。它所引证的人物计有：黄帝、尧、舜、周文王、周武王、太公望、商纣王、飞廉、恶来、齐桓公、公子心、孙武、吴起，这不仅对本书写作时代的判定提供了佐证，而且使我们有机会了解到中国古代军事学发展的大致轮廓。从史料学的角度来看，在上述众多的人物和事件中，特别值得注意的是孙武和吴起。

过去有的人曾对孙武其人的有无和《孙子兵法》的真伪提出过怀疑，其重要的理由之一，就是在目前所能见到的各种古籍中，只有成书于秦汉以后的《史记》、《吴越春秋》等对孙武有所记载，而在先秦文献中却没有对其事迹的任何载录。现在我们从《尉缭子》中不仅发现了一些对《孙子兵法》思想和句式的明显征引，而且还找到了对孙武带兵打仗的直接记述，这就大大有助于问题的解决了。

对于《吴子》一书，持怀疑态度的历来也大有人在。《尉缭子》中对吴起事迹的记载最详，尤其是关于吴起临敌指挥作战的描写，具体生动，真实可信。将其与《吴子》本身对吴起的记述相对照，可谓如出一辙。由此又可以证明《吴子》有关记载的可靠性。

这里还值得一提的是，本书所保留的军制资料最为完整、翔实，特别是在《制谈》、《伍制令》、《束伍令》、《经卒令》、《勒卒令》、《将令》和《兵教上》等篇中，几乎通篇都是在谈论以"什伍制"为核心的军事制度问题。可以肯定地讲，《尉缭子》中的有关记载，是研究战国军事制度时不可缺少的资料来源。

（四）《尉缭子》是先秦兵书之集大成者

通过前面的论述，我们对《尉缭子》的成书时代和作者，以及它的军事理论和哲学思想，已经有了一个比较全面的认识。那么，尉缭在整个先秦军事思想的发展史中，究竟起过什么样的作用？《尉缭子》一书在各种先秦兵家著作中究竟居于什么样的地位？这是一个十分重要而又非常敏感的问题。

过去曾有"《孙子兵法》是先秦军事思想发展的最高峰"（参见滕锦民：《春秋战国时期兵学述略》，载《国防大学学报》1988年增刊一期）的说法，并且在学术界有过一定的影响，这是首先需要加以辩驳的。

我们不想否认《孙子兵法》在军事理论上的种种建树和贡献，但是应当指出由于时代的局限，它并不能代表我国先秦军事思想发展的最高水平。城市作用的提高、战争规模的扩大、战斗激烈程度的加剧、武器装备的更新、战略战术的变化以及哲学思想的飞跃发展，等等，都是在《孙子兵法》成书以后出现而又对军事理论有重大影响的因素。我们不能苛求孙武在春秋末期就对几百年后战争情况的变化作出完全正确的预言。似乎可以这样说，《孙子兵法》是我国现存最早的一部比较完整的兵家专著，它代表了我国先秦时代军事思想发展的第一个高峰。从历史唯物主义的观点出发，我们认为先秦军事思想同其他思想一样，也是随着社会的发展而不断向前发展的，它绝不会停止不前。《吴起兵法》和《孙膑兵法》分别代表了战国早期和战国中期兵家思想的发展水平，从某种意义上说，它们可以被分别称为先秦军事思想发展的第二和第三个高峰。而生活在战国中晚期的尉缭，有条件认识和研究最新的战争形势。《尉缭子》中也总结和吸取了前人的思想精华，在新的理论高度的基础上进行论述。因此，我们认为，同韩非是先秦法家学派的最后一位大师一样，尉缭是先秦兵家学派的最后一位大师；同《吕氏春秋》是先秦杂家学派集大成的著作一样，《尉缭子》可以称得上是先秦兵家学派集大成的著作。

四、有关本书注译的几点说明

历史上对《尉缭子》进行注释、汇解者不乏其人，有些版本至今仍有一定的参考价值。自 1972 年银雀山竹简本《尉缭子》出土以来，至今已有 20 余种版本在新的基础上对其进行了注释，其中比较有代表性的是：刘仲平：《尉缭子今注今译》[商务印书馆（台湾）1975 年发行]；孙一之：《尉缭子译述》（台北星光出版社 1976 年排印本）；华陆综：《尉缭子注译》（中华书局 1979 年版）；钟兆华：《尉缭子校注》（中州书画社 1982 年版）；等等。另外，《武经七书注译》(《中国军事史》编写组编,解放军出版社1986年版)、《中国经典兵书》(于汝波、李兴斌主编,山东友谊出版社2002年版)等书中也收入了《尉缭子》注译本。

本书以《续古逸丛书》影宋本《武经七书》本为底本,对其中缺、衍、误的字和句,根据银雀山简本《尉缭子》的释文(载《文物》1977年第2、第3期)、《群书治要》本以及其他版本进行校勘。在校勘中如遇简本出现缺文处,作者尽量依其文意,并参考竹简整理小组的注释和其他新的研究成果试作订补,无法订补的用"□"表示,这两种情况都外加〔 〕以识别。凡因简本缺字太多而无法完整理解其原意者,原文仍从底本或其他校本,而在校勘记中加以说明。

笔者1989年曾出版过《尉缭子浅说》,后来相继做过一些整理工作。这次译注《尉缭子》,充分吸取了20年来研究的新成果,不知是否妥当,尚请读者批评指正。《尉缭子》的译注工作,得到了中州古籍出版社原副总编辑郭孟良先生和中州古籍出版社有关领导的大力支持,得到了编辑卢欣欣、杨天荣的热情帮助,在此表示衷心的感谢!

徐 勇
2009年4月8日

卷第一

天官第一

梁惠王①问尉缭子曰："吾闻黄帝②有《刑德》③，可以百战百胜，其有之乎？"

尉缭子对曰："不然，黄帝所谓'刑德'者，以刑伐之，以德守之，非世之所谓《刑德》也。世之所谓《刑德》者，天官④、时日、阴阳、向背者也。黄帝者，人事⑤而已矣。何以言之？今有城于此，从其东西攻之不能取，从其南北攻之不能取，此四者岂不得顺时乘利者哉？然不能取者何？城高池深、兵战具备、谋而守之也。若乃城下⑥、池⑦浅、守弱，可取也。由是观之，天官、时日，不若人事也。故按《刑德》天官之陈曰：'背水陈者为绝地，向阪陈⑧者为废军。'昔武王⑨之伐纣⑩也，背清水⑪，向山之阪，以万二千人击纣之亿⑫有八万人，断纣头悬之白旗，纣岂不得天官之陈哉？然不得胜者何？人事不得也。昔楚将军子心⑬与齐人战，未合，初夜彗星出，柄在齐。'柄所在胜，不可击。'公子心曰：'彗星何知！以彗斗者，固倒而胜焉。'明日与齐战，大破之。黄帝曰：'先神先鬼，先稽己智者，谓之天官。'以是观之，人事而已矣。"

[注释]

①梁惠王：即魏惠王。姬姓，又以毕为姓，名罃，战国时魏国的国君。②黄帝：传说中我国远古时代的中原部落首领。姬姓，名轩辕，号有熊氏。他曾打败过炎帝和蚩尤，被各部落拥戴为共同首领。③《刑德》：在各种古籍的记载中，"刑德"有不同的含意，秦汉以来许多学者也有不同的解释。班固在《汉书·艺文志》"兵阴阳家"中著录有《黄帝》十六篇，这些兵书战国时当广为流传。从本书的具体语言环境分析，梁惠王所问的《刑德》，可能就是指这类书中的一种。④天官：此处泛指所谓瞻云、望日、察气、观星等迷信之说。⑤人事：指人的积极作用。在本书中，作者多次论证"人事而已"，可见，这是贯穿于《尉缭子》全书的基本思想。⑥下：低矮。⑦池：指护城河。⑧阪：音 bǎn，山坡。陈：同"阵"，下同。⑨武王：即周武王，姬姓，名发，西周王朝的建立者。⑩纣：即商纣王。子姓，名辛，亦称帝辛，商代的最后一个君主。⑪清水：源出今河南省修武县，流经卫辉与卫河汇合后，注入黄河。⑫亿：我国古代十万也称为亿，"亿有八万人"即十八万人，与纣的实际兵力接近。⑬子心：楚公子，春秋时人，其具体事迹无可考。

[译文]

梁惠王问尉缭子说："我听说黄帝有名为《刑德》的兵书，依靠它可以百战百胜，有这回事吗？"

尉缭子回答说："不是这样，黄帝的所谓'刑德'，是一种讲用武力攻伐敌人，用政治治理国家的思想，同现在流传的《刑德》之书并不是一回事。现在所流传的《刑德》之书中，都是讲天官、时日、阴阳、向背这些迷信的东西。而黄帝所依靠的，不过是人的作用罢了。为什么这样说呢？比如现在有座城，从它的东西两面都攻不下来，从它的南北两面也都攻不下来，这四个方向难道都没有所谓顺应的时辰可以利用吗？那么为什么不能攻下这座城呢？是因为城墙高、护城河深、武器齐备、守城将士善用计谋等缘故。如果城墙低、护城河浅、守城的力量薄弱就可以攻下来。由此看来，讲究天官、时日那一套，不如重视人的作用。再比如按《刑德》天官之阵的说法：'背靠着水布阵就是把士兵置于死地，面对着山坡布阵等于白白地送掉军队。'但是从前周武王讨伐商纣王时，正是背靠着清水，面对着山坡而布阵的，结果以一万二千人击败了商纣王的十八万大军，商纣王的头也被砍下来高悬在白色的旗杆上，难道商纣王不知道天官之阵吗？那么为什么不能取胜呢？人的作用没发挥好啊。从前楚国大将子心与齐国人打仗，在交战的前夜，天空有彗星出现，星的柄部指向齐军。按天官的讲究，'彗星柄部所指向的一方可以获胜，而另一方不应该发动进攻。'但是子心不信这一套，他嘲弄说：'彗星哪有什么知觉！用扫帚与人相斗，必须把柄倒过来才能获胜。'第二天仍与齐军交战，结果大败齐军。黄帝讲：'先听信于神、鬼，不如先考查自己的智能，这就是天官。'这样看起来，所谓天官不过是指人的作用罢了。"

兵谈①第二

　　量土地肥垮②而立邑、建城。以城称③地，以地称人，以人称粟。三相称也，故退可以守固，[进可以]战胜。战胜于外，福生于内，胜福相应，犹合符节④，无异故也。治兵者，若秘于地，若邃⑤于天，生于无。故开之，大而不垯；关之，细而不软⑥。故王者，民归之如流水，望之如日月，归之如父母。故曰：明乎禁、舍、开、塞⑦，其取天下若化。国贫者能富之，民流者亲之，地不任⑧者任之，四时不应者能应之。土广而任，则国不得无富；民众而制，则国不得无治。夫治且富之国，车不发轫⑨，甲不出橐⑩，而威服天下矣。故兵胜于朝廷，胜于丧纪⑪，胜于土功⑫，胜于市井⑬。囊甲而胜，主胜也；陈而胜，将胜也；战［而］胜，臣胜也。战再胜，当一败。十万之师出，费日千金。故百战百胜，非善之善者也；不战而胜，善之善者也。

兵起非可以忿也，见胜则兴，不见胜而止出。故患在百里之内者，不起一日之师；患在千里之内，不起一月之师；患在四海内者，不起一岁之师。战胜其国，则攻其［都；不胜其］国，不攻其都。战胜天下，［则攻其国］；不胜天下，不攻其国。故名将而无家，绝险逾垠⑭而无主，左提鼓右摅枹⑮而［无］生焉。故临生不为死，临死不为生。得带甲十万、［战］车千乘，兵绝险逾垠。

将者，上不制于天，下不制于地，中不制于人。宽不可激而怒，清不可事以财。将之自治兆兆……

耳之生聪，目之生明。然使心狂者谁也？［曰］难得之货也。使耳聋者谁也？曰［□□□□也。使目盲］者谁也？曰［曼］泽好色也。夫心狂、耳聋、目盲，以三悖⑯率人者，难矣。

凡兵之所及者，羊肠亦胜，锯齿亦胜，缘山亦胜，入谷亦胜，方亦胜，圆亦胜，椭亦胜。兵重者如山如林，轻者如燔⑰如炮，如漏如溃，如垣⑱堵之压人，如云霓覆人。闭关辞交，而廷中之故［入］……

［上失天时，下失］地利，中失民情。夫民饥者不得食，［寒］者不得衣，劳者不得息，故举兵而加……所加兵者，令聚者不得［散，散者不得］聚；俯者不得仰，仰者不得俯；左者不［得右，右者不］得左；智士不给虑，勇士不［□□］。兵如总木⑲，弩⑳如羊角，民人无不腾陵张胆，绝乎疑虑，堂堂者胜成去。

[注释]

①兵谈：银雀山竹简《尉缭子》本篇末有"治国"两字，竹简整理小组认为是标题，未知确否，此仍从底本以"兵谈"为本篇标题。②垙：又作"硗"，瘠薄的意思。③称：适合，适应。④符节：我国古代派遣使者或传递将令所使用的凭据，用金、玉、竹、木等刻字制成，分为两半，朝廷存右，使臣持左，相合才可为信。⑤邃：深远，莫测。⑥欸：音kài，憋气。⑦禁、舍、开、塞：指治国家的各项措施。⑧任：利用，开发。此处专指开发土地。⑨轫：音rèn，阻止车轮转动的木头。此处所云"发轫"已引申了原意。⑩櫜：音gāo，收藏盔甲、弓箭的器具。⑪丧纪：有关死人的事。此处引申为各种事情的礼节、程序。⑫土功：此处指对土地的利用和经营。⑬市井：古代习惯在井附近贸易，俗称市井。⑭垠：边界。绝险逾垠：意为克服艰难险阻。⑮撽：音shū，此处为拿着、挥着的意思。⑯悖：违背常理。⑰燔：音fán，烤烧。⑱垣：墙。⑲总木：丛木，形容兵器林立。⑳弩：用机关发射箭矢的装置。

[译文]

根据土地的肥瘠程度而设立封邑、建筑城郭。建城的规模要与辖地的广狭相适应，辖地的广狭要与人口的多少相适应，人口的多少要与粮食的供给情况相适应。这三方面都达到了平衡，那么在退却时就可以巩固防守，进攻时就可以取得胜利。在外面作战胜利，关键在于内部有良好、和谐的气氛，两者彼此适应、相互协调，就像合上符节一样，一点间隙也没有。治理军队的人，要像隐藏在地下一样深邃，要像处于高空中一样神秘，用兵没有固定的形式。一旦展开，置于大的地方不会显得过于空旷；一旦聚集，处于小的所在也不会显得过于充塞。所以善于统治的人，国民会像流水般归附他，像盼望日月般盼望他，像归顺父母般归顺他。所以说：明确采取治理国家的各项措施，禁止奸邪之心，赦免小的过失，开启养生之道，杜绝奢靡的风气，这样就会使天下得到开化、进步。贫穷的国家能够富庶起来，流离失所的国民能够得到安抚,没有耕作的土地能够得到开垦,不按节气从事农业生产的也能得到纠正。土地广阔而且能得到充分利用,国家就不会不富庶;人口众多而且能得到良好的管理,国家就不会不安定。安定而且富庶的国家,不用出动军队,不必使用武器就能威震天下。所以说,军事上的胜利实际取决于朝廷的政治改革,取决于国民的安定生活,取决于土地的开发利用,取决于贸易的繁荣兴旺。不使用武力而取得的胜利,是政治上战略的胜利;动用军队在两军阵前取得的胜利,是军事上战术的胜利;通过战争而取得的胜利,则是微不足道的胜利了。打了两场胜仗,相当于吃了一次败仗。十万人的军队出征,耗费每天达千金。所以百战百胜,不能算高明中最高明的;不战而取得胜利,才能算高明中最高明的。

  不可因一时的愤怒出兵作战,有胜利的把握就可以行动,没有胜利的把握就停止行动。因此在百里之内出现祸患,尽量争取只出兵一天;在千里之内出现祸患,尽量争取只出兵一个月;在边远地区出现祸患,尽量争取只出兵一年。有了战胜这个国家的力量,就可以进攻它的都城;没有战胜这个国家的力量,就不要进攻它的都城。有了称雄天下的力量,就可以进攻这个国家;没有称雄天下的力量,就不要进攻这个国家。一个好的将领在指挥作战时顾不上考虑家中的事,在他率军冲锋陷阵时也顾不上考虑国君了,当他左手提着战鼓、右手挥舞着鼓槌在阵前擂鼓督战时,就顾不上考虑能否生还了。因此在战场上活着的时候顾不上想到死,面临死亡危险的时候也来不及想到能否活下去。让这样的将领统率十万名战士、一千乘兵车,这支军队就能够纵横天下。

  作为大将,上不受天时的约束,下不受地理的约束,中间不受国君的约束。应当宽容,不能轻易被人激怒;应当清廉,不能过分贪图钱财。作为将领,应该谨慎从事,好自为之……

  耳朵是用来听的,眼睛是用来看的。然而,是什么使人失去理智呢？往往是一些珍奇的货物啊。是什么使人耳朵失聪呢？往往是一些动听的声音啊。是什么使人眼睛失明呢？往往是一些悦目的颜色啊。丧失了理智、听不进别人的意见、看不到真实情况，让有这三种毛病的人去率领军队，是很难胜任的。

当用兵的本领达到一定水平的时候，在羊肠小道上作战也能获胜，在锯齿般复杂的地形上作战也能获胜，攀山越岭作战也能获胜，深入狭谷作战也能获胜，攻方形阵能获胜，攻圆形阵能获胜，攻椭圆形阵也能获胜。用重兵进击时，要像高山密林那样稳重而有秩序，用轻兵奇袭时，要像火烧烟燎那样爆烈而突然，要像城墙倒塌那样把敌人压住，要像乌云浓雾那样把敌人覆盖。在计划军机大事时，要锁闭城关，断绝与外界的交往，只放有关的人员入朝廷中议事……

当一个国家上失去天时，下失去地利，中间失去国民的拥护，国民饥饿得不到食物，寒冷得不到衣服，劳累得不到休息时，应发兵去讨伐这样的国家……派去讨伐的军队，要叫敌人聚集的来不及散开，散开的来不及聚集；低头的来不及抬头，抬头的来不及低头；左边的来不及救右边的，右边的也来不及救左边的；谋士来不及考虑对策，武士来不及采取行动。我们的军队兵器林立，射出的箭像羊角风一样势不可当，每个人都鼓足勇气、踊跃向前，排除一切疑虑，以高涨的士气去战胜敌人。

制谈第三

凡兵，制必先定。制先定则士不乱，士不乱则刑乃明。金鼓①所指，则百人尽斗；陷行乱陈，则千人尽斗；覆军杀将，则万人齐刃②。天下莫能当其战矣。

古者士有什伍③，车有偏列④。鼓鸣旗麾⑤，先登者未尝非多力国士也，先死者亦未尝非多力国士也。损敌一人而损我百人，此资敌而伤我甚焉，世将⑥不能禁。征役分军而逃归，或临战自北，则逃伤甚焉，世将不能禁。夫杀人于百步之外者谁也？曰：矢也。夫杀人于五十步之内者谁也？曰：矛戟也。将已鼓，而士卒相嚣，拗⑦矢、折矛、拖戟，利后发。战有此数者，内自败也，世将不能禁。士失什伍，车失偏列，奇兵⑧捐⑨将而走，大众亦走，世将不能禁。夫将能禁此四者，则高山陵⑩之，深水绝之，坚陈犯之。不能禁此四者，犹亡舟楫⑪绝⑫江河，不可得也。

民非乐死而恶生也，号令明，法制审，故能使之前。明赏于前，决罚于后，是以发能中利，动则有功。令百人一卒⑬，千人一司马⑭，万人一将，以少诛⑮众，以弱诛强。试听臣言其术，足使三军之众，诛一人无失刑。父不敢舍⑯子，子不敢舍父，况国人乎？

一武夫仗剑击于市，万人无不避之者，臣以为非一人之独勇，一市万人皆不肖⑰。何则？必死与必生，固不触⑱也。听臣之术，足使三军之众为一死贼⑲，莫敢当其前，莫敢随其后，而能独出独入焉。独出独入者，王霸之兵也。

有提十万之众而天下莫敢当者，谁？曰桓公⑳也。有提七万之众而天下莫敢当者，谁？曰吴起㉑也。有提三万之众而天下莫敢当者，谁？曰武子㉒也。今天下诸国士，所率无不及二十万之众者，然不能济功名者，不明乎禁、舍、开、塞也。明其制，一人胜之，则十人亦以胜之也；十人胜之，则百千万人亦以胜之也。故曰：便吾器用，养吾武勇，发之如鸟击，如赴千仞㉓之溪㉔。

今国被害者，以重宝出聘，以爱子出质，以地界出割，得天下助卒。名为十万，其实不过数万尔。其兵来者，无不谓其将曰："无为天下先战。"其实不可得而战也。

量吾境内之民，无伍莫能正㉕矣。经制十万之众，而王必能使之衣吾衣，食吾食。战不胜，守不固者，非吾民之罪，内自致也。天下诸国助我战，犹良骥㉖骁骊㉗之驶，彼驽马髻㉘兴角逐，何能绍吾气哉！吾用天下之用以为用，吾制天下之制以为制。修吾号令，明吾赏罚，使天下非农无所得食，非战无所得爵，使民扬臂争出农战而天下无敌矣。故曰：发号出令，信行国内。民言有可以胜敌者，毋许其空言，必试其能战也。视人之地而有之，分人之民而畜㉙之，必能内㉚有其贤者也。不能内有其贤而欲有天下，必覆军杀将。如此，虽战胜而国益弱，得地而国益贫，由国中之制弊矣。

[注释]

①金鼓：古代军队里发布号令的器具。作战时，击鼓进兵，鸣金收兵。②刃：刀、剑、矛、戟、矢五种兵器的总称。③什伍：古代军队的编制。十人组成什，五人组成伍。④偏列：古代战车的编制。十五乘（一说二十五乘）为偏，五乘为列。⑤麾：此处作动词用，同"挥"。⑥世将：指缺乏军事才能的世袭将领。⑦拗：用手折断。⑧奇兵：配合正兵作战的部队，多用于奇袭。⑨捐：舍弃。⑩陵：此处作动词用，为越过的意思。⑪楫：划船工具。⑫绝：横渡。⑬卒：古代军队的编制，百人为一卒。此处指卒长。⑭司马：古代军队官名，此处指千人之长。⑮诛：杀。此处是用作统率、操生杀予夺之权的意思。⑯舍：包庇。⑰不肖：无能。⑱触：接触，触犯。⑲死贼：亡命徒。⑳桓公：齐桓公，春秋时齐国国君，公元前685年至前643年在位，是春秋五霸之首。㉑吴起：战国前期卫国人，曾在鲁、魏两国做过官，后在楚国为相，前381年被害。世传《吴子》一书保留了他主要的军事思想。㉒武子：即孙武，春秋末期齐国人，在吴国为将。㉓仞：音rèn，古代的长度单位，一仞为七尺或八尺。㉔溪：山涧。㉕正：同"征"，征调。㉖良骥：千里马。㉗骁骊：相传为周穆王八骏之一。㉘髻：音qí，马鬃。㉙畜：同"蓄"，养活，管教。㉚内：此处作动词用，为收纳的意思。

[译文]

凡是军队，必须先制定军纪。制定好军纪，士兵就不会散乱了，士兵不散乱就能严明刑罚。用鸣金擂鼓发布号令，就能使百人投入战斗；下令向敌军冲锋，扰乱敌阵，就能使千人投入战斗；下令消灭敌军、杀死敌将，就能使万人都举起武器去拼杀。这种战斗力是天下无敌的。

古时候士卒有什和伍的作战单位，战车有偏和列的军事编制。当战鼓擂响、旌旗挥动时，先攻上敌城的未尝不是为国出力最多的勇士，先战死的也未尝不是为国奋不顾身的壮士。但消灭一个敌人而损失自己一百个人，这实际是帮助敌人而严重地损害自己，现在的世袭将领不能禁止这种现象。士兵在服兵役出征时逃回来，或者临战时擅自逃跑，这会造成部队更严重的溃散和伤亡，现在的世袭将领不能禁止这种现象。能够在百步以外杀人的武器是什么呢？是弓箭啊。能够在五十步以内杀人的武器是什么呢？是矛和戟啊。大将已经擂鼓下令了，而士卒们还在相互吵闹，弄折箭、折断矛、拖着戟，都想在别人后面出发。战争中出现这几种情况，内部已自己失败了，现在的世袭将领不能禁止这种现象。士卒混乱到失去什和伍的作战单位，战车混乱到失去偏和列的军事编队，派去袭击敌军的小部队抛弃将领逃散了，大部队也跟着逃跑，现在的世袭将领不能禁止这种现象。如果将领能够禁止上述四种现象，高山可以翻越，深水可以渡过，坚固的敌阵也可以攻克。如果不能够禁止上述四种现象，要想战胜敌人就好比丢失了划船工具去横渡江河一样，是不可能做到的。

人们并不喜欢死而厌恶活着，号令严明，法制健全，才能使他们勇往直前。事先奖赏明确，事后惩罚坚决，这样军队一出发就实现计划，一行动就能获得成功。让一百人听一个卒长指挥，一千人听一个司马指挥，一万人听一个将军指挥，以少数人统治多数人，以弱的一方控制强的一方。请听我说说统治的方法，完全可以指挥全军将士，只杀一个人而不失去刑罚的威严。这样，父亲不敢袒护儿子，儿子也不敢包庇父亲，何况一般国民之间呢？

当一个亡命徒持剑杀入集市时，上万的人没有不躲避他的，我认为并不是唯独他一个人勇敢，而整个集市上万人都不如他。那么为什么会这样呢？是因为拼死和求生的缘故，两者本来就不相同嘛。如果采纳我的方法，完全可以使全军将士都像一个亡命徒那样，没有人敢挡在前面，也没有人敢在后面尾追，从而能够独自纵横天下。独自纵横天下的军队，就是称王天下、称霸诸侯的军队。

有人率领十万人马而天下没有人敢于抵挡的，是谁呢？是齐桓公。有人率领七万人马而天下没有人敢于抵挡的，是谁呢？是吴起。有人率领三万人马而天下没有人敢于抵挡的，是谁呢？是孙武。现在各诸侯国的将领，所率领的军队没有不到二十万的，然而却不能成就功名，这是因为他们不能明确采取措施，禁止奸邪之心，赦免小的过失，开启养生之道，杜绝奢靡的风气。只要明确采取了这些措施，一个人能取得胜利，则十个人也能依靠这些取得胜利；十个人能取得胜利，则成百上千万个人也能依靠这些取得胜利。所以说：修缮我军的武器装备，培养我军的勇敢精神，一旦出发就会像猛禽捕食那样，就会像积水向千仞深的山涧倾泻下去。

现在国家蒙受侵害，就用携带贵重宝物出访的方法，用送国君爱子为人质的方法，用割让国土的方法，而求得天下诸侯的援兵。这些援兵名义上有十万人，其实不过几万人。派援兵来的诸侯国君，都嘱咐他们的将领，不要在别国之前去首先打仗。实际上是不可能使他们帮助我们去作战的。

从我们全国民众的情况看，如果没有什伍的制度，就不可能很好地调动征用。组织起十万人的军队，而国君必须让他们穿国家的衣服，吃国家的饭。如果战斗不能取胜，防守不能坚固，这不是民众的罪过，而是由于朝廷没有建立良好的制度所致。其他国家派来帮助我们作战的军队，表面上像飞驰的骏马，实际上却是竖着鬃毛追逐的劣马，这怎能长我军的气势呢！我们要利用天下一切可以利用的财富，我们要仿效天下一切可以仿效的制度，整顿军队的号令，严明国家的赏罚，使天下不务农的人得不到饭吃，无战功的人得不到爵位，使民众争相投入耕种和战斗，这样就天下无敌了。所以说：这样发号施令，就可以取信于全国民众了。有谁说他有战胜敌人的办法，不要轻信他的空话，必须在实战中考察他。要想占有别国的土地，统治别国的民众，必须能够选用这个国家贤能的人啊。不能选用他们而又想取得天下，必然会兵败将死，全军覆没。这样，虽然打了胜仗国家也越来越削弱，得了土地国家也越来越贫困，这都是由于国家现有制度的弊病啊。

战威第四

凡兵，有以道①胜，有以威胜，有以力胜。讲武料敌，使敌之气失而师散，虽形全而不为之用，此道胜也。审法制，明赏罚，便器用，使民有必战之心，此威胜也。破军杀将，乘堙②发机，溃众夺地，成功乃返，此力胜也。王侯知此，所以三胜者毕矣。

夫将之所以战者，民也；民之所以战者，气也。气实则斗，气夺则走。刑③未加，兵未接，而所以夺敌者五：一曰庙胜之论④，二曰受命之论⑤，三曰逾垠之论⑥，四曰深沟高垒之论，五曰举陈加刑之论⑦。此五者，先料敌而后动，是以击虚夺之也。

善用兵者，能夺人而不夺于人。夺者心之机也。令所以一众心也，不审所出则数变⑧，数变则令虽出，众不信矣。出令之法，虽有小过无更，小疑无申⑨。事所以待众力也，不审所动则数变，数变则事虽起，众不安也。动事之法，虽有小过无更，小难无戚。故上无疑令，则众不二听；动无疑事，则众不二志。

古率民者，未有不能得其心而能得其力者也，未有不能得其力而能致其死者也。故国必有礼信亲爱之义，而后民以饥易饱；国必有孝慈廉耻之俗，而后民以死易生。故古率民者，必先礼信而后爵禄，先廉耻而后刑罚，先亲爱而后律⑩其身焉。

民死其上如其亲，而后申之以制。古为战者，必本气以励志，励志以使四肢，四肢以使五兵⑪。故志不励，则士不死节，士不死节，虽众不武。励士之道：民之所以生，不可不厚也；爵列之等⑫，死丧之礼，民之所以营也，不可不显也；田禄之实，饮食之粮，亲戚同乡，乡里相劝，死丧相救，丘墓相从，民之所以归，不可不速也。必因民之所生以制之，因其所营以显之，因其所归以固之。如此，故什伍如亲戚，阡陌⑬如朋友，故止如堵墙，动如风雨，车不结轨⑭，士不旋踵⑮，此本战之道也。

地所以养民也，城所以守地也，战所以守城也。故务耕者其民不饥，务守者其地不危，务战者其城不围。三者先王之本务也，而兵最急矣。故先王务尊于兵。尊于兵，其本有五：委积⑯不多则事不行，赏禄不厚则民不劝，武士不选则士不强，备用不便则士［不］横，刑诛不必则士不畏。先王务此五者，故静能守其所有，动能成其所欲。夫以居攻出，则居欲重，陈欲坚，发欲毕，斗欲齐。

王国富民，霸国富士，仅存之国富大夫，亡国富仓府。是谓上溢而下漏⑰，故患无所救。故曰：举贤用能，不时日而事利；明法审令，不卜筮⑱而事吉；贵政养劳，不祷祠而得福。故曰：天时不如地利，地利不如人和。圣人所贵，人事而已矣。

夫勤劳之师，将必从己先。故暑不立盖⑲，寒不重裘，有登降之险，将必下步。军井通而后饮，军食熟而后食，军垒成而后舍，饥饱、劳逸、寒暑必身度⑳之。如此，则师虽久不老，虽老不弊㉑。故军无损卒，将无惰志。

[注释]

①道：这里指用兵谋略。②堙：音yīn，古代城门外层的曲城。③刑：此处指出兵讨伐。④庙胜之论：指朝廷决策的胜利。古人打仗前，先祭祖庙，然后在庙里研究用兵计划。⑤受命之论：指君主对将帅的挑选和任命。⑥逾垠之论：指军事行动迅速。⑦举陈加刑之论：指布阵交战。⑧审：明确。数：屡次。⑨更：变更。申：解说。⑩律：约束。⑪五兵：指五种兵器。⑫爵列之等：爵位等第的高低。⑬阡陌：田间小路。此处指务农者之间。⑭结轨：车轮压出的交错轨迹。⑮旋踵：往回逃跑。旋，返回。踵，音zhǒng，脚后跟。⑯委积：军需储备。⑰上溢而下漏：比喻上层统治者非常富裕，而广大民众则极端贫困。⑱卜筮：古代用龟甲、蓍草预测凶吉的迷信方法。⑲盖：张在车上像伞一样的遮蔽物。⑳度：体验。㉑弊：指军队士气低落。

[译文]

战争，有的靠谋略取胜，有的靠军事威力取胜，有的靠作战取胜。正确地分析和判断敌情，设法促使敌人士气低落而部队涣散，虽然军队形式完整而不能用来作战，这就是谋略取胜。健全法制，明确赏罚，改善武器装备，使人人都有果敢战斗的决心，这就是军事威力取胜。击破敌军杀其将帅，登上敌城发射弩机，击溃敌众夺取土地，胜利而归，这就是作战取胜。一国之君懂得了这些，就能完全掌握这三种取胜的办法了。

将帅因为有军队才能打仗，军队因为有士气才能作战。士气旺盛就能战斗，士气低落就会溃逃。厮杀没有开始、双方没有接触时，就能通过五个方面形成对敌作战的优势：一是朝廷决策的正确，二是挑选和任命得力的将领，三是部队迅速的军事行动，四是坚固的防御设施，五是布阵交战前的充分准备。这五个方面，都是先分析敌情然后行动，用以实击虚的办法取得对敌优势的。

　　善于用兵的人，能夺取主动权而不让敌人夺取主动权。夺取主动权在于将帅心灵的机智。发出号令是为了统一大家的思想，如果不慎重地发出命令就会经常变更，经常变更的命令纵然下达了，大家也不会相信。下达命令的原则是：虽有小的缺点也不要更改，有小的疑问也不要重申。事情要靠大家的力量来完成，如果不慎重地采取行动就会经常变化，经常变化的行动纵然实施了，大家也不会安心。采取行动的原则是：虽有小的缺点也不要更改，有小的困难也不要忧愁。所以上级没有疑惑不清的命令，大家就不会无所适从；行动没有犹豫不决的情况，大家就不会三心二意。

　　古时候治理民众的国君，从来没有不能得到民众的拥戴而能使他们尽力的，从来没有不能得到民众的尽力而能使他们拼命的。所以国家必须有崇礼守信相亲相爱的大义，而后民众才能战胜饥饿换来温饱；国家必须有孝顺慈爱廉洁知耻的习俗，而后民众才能克服危亡换来生存。所以古时候治理民众的国君，必须先以礼义信用教育他们，然后才赏予官爵俸禄；先以廉耻道德教化他们，然后才施用刑罚督促；先以仁爱之心亲近他们，然后才运用法纪约束。

　　当国民失去国君就像失去亲人一样，这时候才能贯彻统治政策。古代指挥战争的将领，必须用自己良好的精神状态去激励士兵的斗志，用高昂的斗志去指挥四肢，用灵活的四肢去使用武器。所以斗志不加激励，士兵就不会为国献身，士兵不为国献身，军队人数再多也没有战斗力。激励士兵斗志的方法：国民所赖以生存的事，不可不予以足够的重视；田地俸禄的实惠，饮食所需的粮物，亲戚同乡的往来，乡亲邻居的互相勉励，生死关头的互相援救，阵亡将士的妥善安葬，这都是能使国民归心的事，不可不及时解决。必须对国民的生活需要给予制度保证，对他们的追求给予高度重视，对他们所关心的事给予固定的安排。这样做了，就使同什同伍的士兵之间像亲戚那样，使耕种土地的务农者之间像朋友那样，就使部队驻守时像铜墙铁壁一样坚固，行动时像暴风骤雨一样迅猛，战车依次前进，士兵绝不后退，这就是进行战争的方法。

土地是用来养活民众的，城池是用来保卫土地的，战争是用来防守城池的。所以，注重农业生产的，这里的民众就不会受饥荒；注重城池守备的，这里的国土就不会有危险；注重战争准备的，这里的城池就不会被围困。这三件事是古代君王所注重的根本大事，而其中军事问题是最为紧要的。所以古代君王特别重视军事。重视军事，有五个根本问题：军需储备不够充分，军事行动就不能进行；奖赏俸禄不够优厚，国民就得不到鼓励；武士不经严格挑选，部队就不能得到加强；武器装备不够精良，士兵就不能横行天下；军纪军法不够严明，士兵就不服从指挥。古代的君王重视了这五个根本问题，所以防御时就能守住已有的一切，行动时就能达到预期的目的。由防守转入进攻时，防守要慎重，阵地要坚固，发起进攻时要迅速投入优势兵力，战斗时要齐心协力。

能够称王天下的国家国民富裕，能够称霸天下的国家军士富裕，只能勉强生存的国家官吏富裕，行将灭亡的国家只有国君的仓库充足。这就是说，上层统治者过分富裕而下层广大民众极端贫困，所以其祸患是无法挽救的。故选用贤士能人，不必选择良辰吉日也顺利；严明法令制度，不必占卜吉凶事情也会圆满；尊重有军功和为国操劳的人，不必祷告神祠也会得福。所以说：天时气候优越不如地理条件有利，地理条件有利不如人心和睦。圣人所珍贵的，只是人的作用罢了。

勤勉而耐劳苦的军队，将帅必须身先士卒。所以天热时不要躲在伞下，天寒时不要多穿皮衣，遇有上坡下坡的险路，将帅必须下乘与士卒一样步行，水井挖好部队都喝上水然后才喝，饭做熟了部队都吃上饭然后才吃，军营筑成部队有住处然后才休息，饥饿温饱、劳苦安逸、寒冬暑夏都必须与士兵共同身受。能够这样，部队虽然连续作战也不会疲惫，虽然疲惫也不会士气衰竭。因此，部队没有无故减员，将领没有懒惰之心。

卷第二

兵权①第五

兵以静固,以专②胜。力分者弱,心疑者背③。夫力弱,故进退不豪,纵敌不禽。将吏士卒,动静如身。心疑必背,是故计决而不动,动决而不禁。异口虚言,将无修容④,卒无尝试,发动必蛊,亩凌而兵⑤毋与战矣。将帅者,心也。群下,支节也。其心动以诚,则支节必力;其心动以疑,则支节必背。夫将不心制,[群]下不节动,虽胜为幸。

夫民无两畏也。畏我侮敌,畏敌侮我。见侮者败,威立者胜。凡将死其道者,吏畏其将也;吏畏其将者,民畏其吏也;民畏其吏者,敌畏其民也。是故知胜败之道者,必先知畏侮之权。夫不爱说其心者,不我用也;不严畏其心者,不我举也。爱在下顺,威在上立,爱故不二,威故不犯。故善将者,爱与威而已。

是故兵不必胜,不可以言战;攻不必拔,不可以言攻。不然,虽刑赏不足以名信,信在屡兆⑥。是故众聚不虚散,兵出不徒归。求敌若求亡人,击敌若赴溺者。囚险⑦者无战心,挢战⑧

无胜兵,佻战无全气。

凡挟义而战者,贵从我起;争私结怨,贵以不得已。怨结虽起,待敌贵先。故事必当时,息必当备之。兵有胜于朝廷,胜于丧纪,胜于土功,胜于市井。斗则得,服则失,幸以不败,此不意彼惊惧而曲胜之也。曲胜,言非全也。非全胜者无权名。故明主战攻之日,合鼓合角⑨,节以兵刃,不求胜而胜也。

兵有去备撤威而胜者,以其有法故也,有器用之早定也,其应敌也周,其总率也极。故五人而伍,十人而什,百人而卒,千人而率,万人而将,已周已极。其朝死则朝代,暮死则暮代。权敌审将,而后举兵。

故凡集兵,千里者旬日,百里者一日,必集敌境。卒聚将至,深入其地,错绝其道,栖其大城大邑。使之登城逼危,男女数重,各逼地形而攻要塞。据一城邑而数道绝,从而攻之,敌将帅不能信,吏卒不能和,刑有所不从者,则我败之矣。敌救未至,而一城已降。

津梁⑩未发,要塞未修,城险未设,渠答⑪未张,则虽有城无守矣。远堡未入,戍客未归,则虽有人无人矣。六畜未聚,五谷未收,财用未敛,则虽有资无资矣。夫城邑空虚而资尽者,我因其虚而攻之。法曰:"独出独入⑫,敌不接刃而致之。"此之谓也。

[注释]

①本篇底本原题为"攻权",竹简本《尉缭子》本篇的篇末,有"兵劝"两字。繁体的"劝"字与"权"字形、音皆近,其义可通。从本篇的内容来看,大部分从总体上阐述用兵的战略和策略,而并非只讲攻城略地。因此,本篇以"兵权"为题似更为贴切。②专:专一,此处为集中的意思。③背:指军心涣散。④修容:指威严的仪容。⑤亩凌而兵:此处似可理解为凌乱地散开在地面上的军队。⑥屑兆:细小的预兆。⑦囚险:陷于不利的险要地形中。⑧搕战:指没有准备的遭遇战。⑨合鼓合角:此处为正确指挥的意思。⑩津

梁：桥梁，此处指交通工具。⑪渠答：铁蒺藜，古时守城的工具。⑫独出独入：形容如入无人之境。

[译文]

军队靠沉着镇静巩固，靠兵力集中取胜。部队力量分散就势力削弱，将帅犹豫不决就军心涣散。力量薄弱，就使得部队前进后退都没有气势，就会放走敌人而不能全歼。将吏和士卒，动静应和人的身体一样协调一致。将帅如果犹豫不决必然军心涣散，这样计划定了也不会立即行动，行动起来也不能加以约束。大家异口同声地讲假话，将帅没有威严的仪容，士卒没有实战的锻炼，发动进攻必然聒噪混乱，凌乱地散开在地面上的军队是不堪一击的。作为将帅的人，就像心腑啊。士卒们，就像四肢关节啊。人的决心正确坚定，四肢关节必然动作有力；人的决心不正确、不坚定，四肢关节必然动作不灵。如果将帅指挥不能像心使四肢那样正确坚定，士卒们就不能像四肢应心那样动作有力，这样即使胜利了也是侥幸取得的。

民众是不会对敌我两方面都畏惧的。畏惧自己的将帅就会蔑视敌人，畏惧敌人就会蔑视自己的将帅。被蔑视的一方就会失败，威信树立的一方就会胜利。凡是将帅能誓死尽职的，军吏就畏惧将帅；军吏畏惧将帅，民众就畏惧军吏；民众畏惧军吏，敌人就畏惧民众。所以懂得战争胜败道理的人，必须首先知道畏惧与蔑视两者的利害关系。不能以爱抚使士卒悦服，他们就不会为我所用；不能以威严使士卒敬畏，他们就不会听我指挥。爱抚在于使下级服从，威信在于上级自己树立，下级得到了爱抚就没有二心，上级有了威信，命令就没人违抗。所以善于做将帅的人，懂得爱抚士卒和树立威信就足够了。

因此说用兵没有必胜的把握，不可以轻易提出打仗；攻城没有必拔的把握，不可以轻易提出攻城。否则，即使用了严刑重赏也不足以使人信服，树立威信在于从小事情做起。所以部队集中起来就不能随便遣散，部队一旦出动就不能徒手空回。寻找敌人要像寻找丢失的孩子那样迫切，攻击敌人要像抢救落水的人那样奋不顾身。部队陷于不利的地形中就没有信心作战，打没有准备的遭遇战就没有把握取胜，莽撞地出兵作战就没有高昂的士气。

凡是依仗正义而进行的战争，最好由我方先发起；争夺私利而结下怨恨的战争，最好是不得已的。结下怨恨引起了战争，最好等待敌人先发动。所以作战必须把握时机，战事平息后还必须保持戒备。军事上的胜利，有的取决于朝廷的政治改革，有的取决于国民的安定生活，有的取决于土地的开发利用，有的取决于贸易的繁荣兴旺。斗争就取得胜利，屈服就遭到失败，即使侥幸不败，这也是由于意外地出现了敌人自相惊扰事件而勉强战胜的啊。勉强取得的胜利，不能算是完全的胜利。不完全胜利的人就说不上懂得权谋。所以英明的国君发动进攻时，指挥正确，部队行动协调一致，不强求胜利而必然取得胜利。

用兵有表面上去掉战备故意示弱而取得胜利的，这是因为有制度保证的缘故，有早已准备好的武器用具，应敌计划周密，部队统率完善。所以部队要按编制设置各级将吏，五人设一伍长，十人设一什长，百人设一卒长，千人设一帅，万人设一将，这样才能周密完善。将吏中早晨死的早晨就有人代理，晚上死的晚上就有人代理。分析敌情选好将帅，然后才起兵出战。

所以凡是集结军队，千里路程用十天时间，百里路程用一天时间，必须集结在敌国边境。部队集中、将帅到达后，就深入敌人的纵深地带，切断敌人的交通要道，包围敌人的重要城邑。一面派部队登城突击使敌人处于危险的境地，一面组织占领地内的男女同士卒一起包围敌人，分别逼近险要地形而攻击敌人的要塞。在敌人困守孤城且所有道路都被切断后，再乘势攻打，便会使敌军将帅丧失威信，官兵不和，即使用刑也有不服从命令的人，那么我们就一定能打败敌人了。敌人援军尚未到达，而守城敌军已经投降了。

如果交通工具还没造好，要塞堡垒还没修好，城防工事还没筑好，障碍物还没设置，虽有城塞也不能防守。如果远处堡垒的敌军还没退入城里,守卫边境的敌军还没回城增援,虽有人也等于没有人。如果敌人的牲畜还没集中,粮食还没收获,财物还没征收,虽有资财也等于没有资财。对这种城邑空虚而资财穷尽的敌城,我军要乘虚而攻取它。兵法说:"我军进攻如入无人之境,敌人来不及交锋就已被打败了。"指的就是这种情况。

守权第六

凡守者,进不郭圉,退不亭障①,以御战,非善者也。豪杰雄俊,坚甲利兵,劲弩韧矢,尽于郭中。乃收窖廪②,毁折入此,令客气数十百倍,而主人气不半焉,敌攻者伤守甚者也。然而世将弗能知。

夫守者,不失险者也。而守者不出,出者不守。守法:城一丈,十人守,工食③不与焉。一而当十,十而当百,百而当千,千而当万。故为城郭者,非妄费于民聚土壤也,诚为守也。千丈之城,则万人之守。池深而广,城坚而厚,士民众选,薪食给备,弩劲矢韧,矛戟称之,此守策也。

攻者不下十余万之众乃称。其有必救之军,则有必守之城;无必救之军,则无必守之城。若彼城坚而救诚,则愚夫僮妇,无不蔽城尽资血城者。期年之城,守余于攻者,救余于守者。若彼城坚而救不诚,则愚夫僮妇,无不守陴④而泣下,此人之常情也。遂发其窖廪救抚,则亦不能止矣。鼓其豪杰俊雄,坚甲利兵,劲弩韧矢并于前,则幼幺毁瘠⑤并于后。五万之[众口]诚必救,关之其后,出要塞,但击其后,无通其粮食,中外相应。此救而示之不诚,则倒敌⑥而待之者也。后其壮,前其老,彼敌无前⑦,守不得而止矣。此守权之谓也。

[注释]

①郭围：指外城边沿的防御设施。亭障：古代在险要处所修筑的堡垒。②窖：音jiào，地室。廪：音lǐn，粮仓。窖廪：指收藏粮食的地方。③工食：杂工、炊事等后勤人员。④陴：音pí，城墙上有凹凸形小孔的城垛。⑤幼幺：幼小者。毁瘠：残疾者。幼幺毁瘠：指老弱病残者。⑥倒敌：此处为迷惑敌人的意思。⑦无前：不能向前进展。

[译文]

凡是守城的军队，出击时不预先在外城边沿修筑工事，后退时不预先在险要之处埋伏兵力，这样来进行防御战争，不是好的办法。把精锐部队、机动力量、优良武器都集中在城内。并搜集城外的存粮财物，拆毁城外的房屋，统统移入城内。这样就使进攻者士气高涨，而防守者则士气低落了，一旦遭到敌人的进攻，守城军队就会损失惨重。但是缺乏指挥才能的世袭将领却不懂得这个道理。

进行防御战争，不能放弃险要的地形。负责守卫的部队不参加出击，负责出击的部队不担任守卫。防守的方法：每一丈的城墙，需要十个人防守，杂工和炊事人员不在其内。这样一个人可以抵挡敌十个人，十个人可以抵挡敌百人，一百个人可以抵挡敌成千上万人。所以建筑城郭，并不是白白耗费民力堆土做样子的，确实是为了进行防守的。一千丈的城墙，需要一万人来守卫。护城河又深又宽，城墙壁又坚又厚，军队和民众都经过了挑选和训练，柴草和食物都供应充足，弓弩强劲，箭矢坚韧，矛和戟也都称手，这是守城的方法啊。

一般攻城的一方不少于十余万人才有希望成功。如果有可靠的援军，城内的守军就必定坚守待援；如果没有可靠的援军，城内守军就不一定能坚守了。如果那座城坚固而得到积极的援救，那么全城的男男女女，就没有不为守城而贡献资财甚至生命的。能坚守一年的城池，防守的力量应足以抵御进攻的力量，援救的力量应足以增援防守的力量。如果那座城坚固而没得到积极的援救，那么全城的男男女女，就没有不守着城垛失望地哭泣的，这是人之常情啊。即使打开仓库散发粮物来进行安抚，也不能制止他们的悲观情绪啊。必须鼓励精壮勇武的将士，装备优良武器，在强弓好箭掩护下全力战斗在前，而老弱残疾者也全力支援在后。五万人的部队积极援救，要封锁敌军的退路，守军也要出击抢占险要地点，袭击敌军后方，援军要设法切断敌人的粮食供应，并与守军互相策应。这是为了给敌人造成援救不积极的假象，用以迷惑敌人而等待可乘之机。诱使敌人把精锐部队放在后面对付援军，把老弱部队放在前面围城，那敌军不能向前进展，守城的军队也可以积极出击了。这就是守城的权谋啊。

十二陵①第七

威在于不变，惠在于因时②，机③在于应事，战在于治气，攻在于意表④，守在于外饰⑤，无过在于度数⑥，无困在于豫备，慎在于畏小，智在于治大，除害在于敢断，得众在于下人。

悔在于任疑⑦，孽⑧在于屠戮，偏在于多私，不祥在于恶闻己过，不度在于竭民财，不明在于受间，不实在于轻发，固陋⑨在于离贤，祸在于好利，害在于亲小人，亡在于无所守，危在于无号令。

[注释]

①陵：此处为磨砺的意思。可理解为国君治国安邦、将帅统军作战时所应具备的修养。②因时：不失时机。③机：机谋。④意表：意外。⑤外饰：伪装，掩饰。⑥度数：周密的计划。⑦任疑：犹豫不决。⑧孽：音niè，罪恶，灾祸。⑨固陋：见识浅陋。

[译文]

树立威严在于不轻易变更决定，施人恩惠在于选择适宜的时机，机谋在于能应对事物的变化，作战在于掌握和激励士气，进攻在于能出乎敌人的意外，防守在于能给敌人以假象，不犯错误在于有周密的计划，不陷入困境在于事先有所准备，谨慎在于能警惕小事情，明智在于能处置大事情，清除祸害在于果敢决断，能得人心在于以礼平等待人。

后悔在于犹豫不决，罪恶在于滥行屠杀，处事不公正在于私心过重，不吉祥在于听不进对自己的批评，用度不足在于耗尽民财，不明事理在于被人离间，不能收到实际功效在于轻举妄动，固执浅陋在于疏远了贤能的人，惹起灾祸在于贪财好利，受到损害在于亲近坏人，丧失领土在于没有好的防御措施，危险在于没有严明的号令。

武议第八

凡兵不攻无过之城，不杀无罪之人。夫杀人之父兄，利人之货财，臣妾①人之子女，此皆盗也。故兵者，所以诛暴乱、禁不义也。兵之所加者，农不离其田业，贾不离其肆宅，士大夫不离其官府，由其武议在于一人②，故兵不血刃而天下亲焉。

万乘农战，千乘救守，百乘③事养。农战不外索权，救守不外索助，事养不外索资。夫出不足战，入不足守者，治之以市④。市者，所以给战守也。万乘无千乘之助，必有百乘之市。

凡诛者，所以明武也。杀一人而三军震者，杀之；赏一人而万人喜者，赏之。杀之贵大，赏之贵小。当杀而虽贵重⑤，必杀之，是刑上究也；赏及牛童马圉⑥者，是赏下流⑦也。夫能刑上究、赏下流，此将之武也。故人主重将。

夫将提鼓挥枹⑧，临难决战，接兵角刃，鼓之而当，则赏功立名；鼓之而不当，则身死国亡。是存亡安危，在于枹端，奈何无重将也。夫提鼓挥枹，接兵角刃，君以武事成功者，臣以为非难也。

古人曰："无冲笼⑨而攻，无渠答而守，是为无善之军。"视无见，听无闻，由国无市也。夫市也者，百货之官也。市贱卖贵，以限士人，人食粟一斗⑩，马食菽⑪三斗，人有饥色，马有瘠形，何也？市有所出，而官无主也。夫提天下之节制，而无百货之官，无谓其能战也。

起兵直使甲胄生虮虱⑫者，必为吾所效用也。鸷鸟⑬逐雀，有袭人之怀、入人之室者，非出生也，后有惮⑭也。

太公望⑮年七十，屠牛朝歌⑯，卖食盟津⑰，过七年余而主不听，人人谓之狂夫也。及遇文王，则提三万之众，一战而天下定，非武议安得此合也。故曰：良马有策，远道可致；贤士有合，大道可明。

武王伐纣，师渡盟津，右旄左钺⑱，死士三百，战士三万。纣之陈亿万，飞廉、恶来⑲身先戟斧，陈开百里。武王不罢士民，兵不血刃，而克商诛纣，无祥异也，人事修不修而然也。今世将考孤虚⑳，占咸池㉑，合龟兆㉒，视吉凶，观星辰风云之变，欲以成胜立功，臣以为难。

夫将者，上不制于天，下不制于地，中不制于人。故兵者，凶器也；争者，逆德也；将者，死官也。故不得已而用之。无天于上，无地于下，无主于后，无敌于前，一人之兵㉓，如狼如虎，如风如雨，如雷如霆，震震冥冥㉔，天下皆惊。

胜兵似水。夫水，至柔弱者也，然所触丘陵必为之崩，无异故也，性专而触诚也。今以莫邪㉕之利，犀咒㉖之坚，三军之众，有所奇正㉗，则天下莫当其战矣。故曰：举贤用能，不时日而事利；明法审令，不卜筮而获吉；贵功养劳，不祷祠而得福。又曰：天时不如地利，地利不如人和。古之圣人，谨人事而已。

吴起与秦人战，舍不平陇亩㉘，朴樕㉙盖之，以蔽霜露。如此何也？不自高人故也。乞人之死不索尊，竭人之力不责礼。故古者甲胄㉚之士不拜，示人无己烦也。夫烦人而欲乞其死、竭其力，自古至今，未尝闻矣。

将受命之日忘其家，张军宿野忘其亲，援枹而鼓忘其身。

吴起临战，左右进剑。起曰："将专主旗鼓尔，夫提鼓挥枹，临难决疑，挥兵指刃，此将事也；一剑之任，非将事也。"

三军成行，一舍而后成三舍㉛，三舍之余，如决川源。望敌在前，因其所长而用之，敌白者垩㉜之，赤者赭㉝之。

吴起与秦战，未合，有一夫不胜其勇，前获双首而还。吴起立斩之。军吏进谏曰："此材士也，不可斩。"起曰："材士则是矣，非吾令也。"斩之。

[注释]

①臣妾：奴役的意思。②一人：指国君。③乘：先秦时代车兵兵制的基本单位。④市：市场贸易。⑤贵重：指地位高贵的人。⑥马圉：养马的人。⑦下流：指地位卑下的人。⑧枹：鼓槌。⑨冲笼：指一种攻城的战车。⑩斛：同"斗"，量器。⑪菽：指豆类。⑫甲胄：指穿着铠甲、戴着头盔的士卒。虮虱：虱子。甲胄生虮虱者：用兵日久的意思。⑬鸷鸟：凶猛的鸟。⑭悼：惧怕。⑮太公望：指姜太公，姓姜名尚。相传他在渭水边隐居，周文王打猎遇见他时他说："吾太公望子久矣。"故后人又称为"太公望"。他在帮助周文王、周武王兴周灭商中，起了重要作用。后被封于齐（今山东省北部），是齐国的始祖。⑯朝歌：商纣的别都，在今河南省淇县北。⑰盟津：即孟津，在今河南省孟州市西南。相传周武王在此与诸侯会盟伐纣，因此又叫盟津。⑱旄：音máo，古时用牦牛尾做装饰的旗子。钺：一种形状像斧的古兵器，也用作刑具或仪仗，是权威的象征。⑲飞廉、恶来：据《史记·秦本纪》："蜚（飞）廉生恶来，恶来有力，蜚廉善走，父子俱以材力事殷纣。"⑳考孤虚：指古人根据年、月、日、时的不同而考察吉凶的一种迷信方法。《史记·龟策列传》有："日辰不全，故有孤虚。"㉑咸池：星名。据《史记·天官书》记载，古人认为咸池是凶星，主兵战。㉒龟兆：古人烧龟甲显出裂纹，以此判定事情的凶吉。㉓一人之兵：指万众一心的军队。㉔震震：声响巨大。冥冥：昏暗。震震冥冥：形容军队行动声势浩大，神秘莫测。㉕莫邪：传说为春秋时吴国人，干将之妻。他们铸宝剑两支，雄名干将，雌名莫邪，锋利无比，后人遂用干将、莫邪作为利剑的代称。此处泛指兵器。㉖犀兕：犀牛，雄性称犀，雌性称兕。其皮质坚韧，可用以制作甲衣。㉗奇正：古兵书中的军事术语。奇，指出奇制胜的部队、灵活多变的战法。正，指正面迎敌的部队、按照常规的战法。

㉘陇亩：有田埂的田地，指耕地。㉙朴樕：丛生的小树木。樕，音 sù。㉚甲胄：动词，作"穿着盔甲"用。㉛舍：古时行军，以三十里为一舍。㉜垩：音 è，白色，此处作动词用。㉝赭：音 zhě，红褐色，此处作动词用。

[译文]

　　凡是用兵，应该不攻打无过错的城市，不杀害无罪的人。杀害人家的父兄，掠夺人家的财物，奴役人家的子女，这都是强盗行为啊。所以军队就是用来讨伐暴乱、禁止不义行为的。军队所到之处，要让农民不离开自己的耕地，商人不离开自己的店铺，官吏不离开自己的办公处所，这是由于国君掌握了正确的用武之道，所以不经过流血战斗就可使天下亲附。

　　拥有万乘的大国要实行农战结合，拥有千乘的中等国家要努力自救自守，拥有百乘的小国要争取生产自足。能够农战结合的就不必仰仗别国的权势，能够自救自守的就不必乞求别国的援助，能够生产自足的就不必依靠别国的资财。当国家的经济状况既不足以供给对外作战，又不足以支撑对内防务时，就应用治理好市场的办法来解决。市场收入可以供给国家的作战和防务需要。拥有万乘的大国如果不能像拥有千乘的中等国家那样得到别国援助，也必须像拥有百乘的小国那样注重对市场的治理。

　　凡施行杀戮，都是为了申明军威的啊。杀一个人能使三军都震动的，就杀掉他；赏一个人能使万人都高兴的，就奖赏他。杀戮贵在以大人物做典型，奖赏贵在以小人物做榜样。应当杀的虽然地位高贵、权势显赫，也必须杀掉他，这是刑罚能够制裁上层人物；奖赏分到放牛养马的人，这是奖赏可以包括地位卑下的人物。能做到对有罪的大人物以法制裁、对有功的小人物给予奖励，这是将帅的威严。所以，国君应当对将帅充分尊重。

　　将帅击鼓指挥军队作战，在危难时与敌进行决战，在两军短兵相接互相厮杀时，如将帅指挥得当，则能受赏立功；如将帅指挥不当，则会身死国亡。因此国家的存亡安危，就在于将帅指挥作战的鼓槌上了，怎能不重视将帅的作用呢？靠将帅击鼓指挥军队，与敌军短兵相接互相厮杀，国君以军事成就大功，我以为并不是困难的事。

古人说："没有冲笼而发起进攻，没有铁蒺藜而进行防守，就不是善于攻守的军队。"现在我们看不见新事物，听不见新信息，是由于国家没有很好地利用市场造成的。所谓市场，是百货交易的重要地方啊。应该用贱买贵卖的办法，以限制士民操纵物价，每天每人不过吃一斗粮食，每匹马不过吃三斗豆料，而人饿得面有饥色，马饿得体形瘦弱，这是为什么呢？市场上虽有粮食和饲料出售，而国家没有管理好啊。统率天下的军队，却没有对市场管理好，这就不能说他是善于作战的。

出兵打仗直到使士卒的衣甲战盔上都生了虱子，这必然是他们为国家效力的缘故啊。就像凶猛的鸟追逐小雀，有时撞入人的怀中，有时钻入人家的房屋，这并不是出于它的本性，而是后面有使它畏惧的力量逼迫啊。

姜太公到了七十岁，还在朝歌宰牛，在盟津卖食品。又过了七年多还没有得到国君的任用，人人都说他是一个狂人。等到他遇见周文王得到重用后，却能统率三万军队，在牧野，一次决战灭了商朝，奠定了周王朝的天下。如果国君没有正确的用武之道，军事学家哪能得到这样施展才能的机会呢？所以说：好马得到鞭策，才能到达远方；贤能的人得到知遇重用，才能贯彻高明的主张。

周武王伐商纣王，军队在盟津渡河，他右手执白旄，左手举黄钺，有敢死之士三百人，善战之士三万人。而商纣王陈兵十多万人，又有飞廉、恶来这样身先士卒的大将率领，列阵长达百里。但武王没有使士卒和民众疲惫，也没有经过血战，便灭亡了商朝，杀掉了纣王，这并不因为有什么吉祥的奇异之处，而是人事方面好与不好造成的必然结果。现在缺乏指挥才能的世袭将领只知道考究日辰、占卜星象、察看龟甲裂纹，以此判断事情凶吉，观察星辰风云的变化，想靠这些打胜仗、建功名，我认为很难做到。

作为大将，上不受天时的约束，下不受地理的约束，中间不受国君的约束。武器，是用来杀人的东西；战争，是违背道德的行为；大将,是出生入死的官吏。所以只有在不得已的情况下用兵。一旦用兵,就要上不顾忌天时,下不顾忌地理,后不顾忌国君,前不顾忌敌人。使全军如同一个人,行动起来像狼和虎那样凶猛,像风和雨那样迅疾,像雷和霆那样暴烈,声势浩大而又神秘莫测,使天下的人都感到惊惧。

打胜仗的军队好像流水一样。水是最柔弱的东西,然而它所触及的丘陵也必定能被冲塌,这没有别的原因,是由于水的属性专一而持续冲刷的缘故啊。现在如果用莫邪那样锋利的武器,用犀牛皮制成的坚实衣甲,武装三军的兵力,再灵活地运用奇正战术,就有了谁也无法抵挡的战斗力了。所以说:只要选拔和任用贤能的人,不必择吉日事情也会顺利;只要有严明的法律制度,不必占卜也会获得吉祥;只要尊重和优抚有功劳的人,不必祈祷也会得福。又可以这样说:天时气候优越不如地理条件有利,地理条件有利不如人心和睦。古代的圣人,只是注重人的作用罢了。

吴起与秦国人作战时,宿营在不铲平田埂的地上,用树枝盖在上面以遮蔽霜露。这是为什么呢?是因为他不自视高人一等的缘故啊。要求人家为你效死就不能妄自尊贵摆架子,要求人家为你出力就不能求全责备讲礼节。所以古时候穿戴盔甲的将士不行跪拜礼,向人们表示军务在身无暇顾及烦琐的礼节。用烦琐的礼节麻烦人家而又要求他为你效死、出力,从古到今没有听说过的。

大将从奉命出征那天起就该忘记自己的家庭,在外行军宿营时就该忘记自己的亲人,擂起战鼓指挥作战时就该忘记自己的安危。

吴起临阵指挥作战时,他的左右侍从给他呈上宝剑。吴起拒绝说:"将帅的职责是用旗和鼓发号施令,擂击战鼓,在危难时解决疑虑,指挥军队作战,这才是将帅的事啊,持一柄剑与敌格斗,不是将帅的事啊。"

三军编队出征,一天军行三十里,三天军行九十里之后,就要像决堤的水一样势不可当地前进。看到敌人在前面,要根据其特点采取相应的对策,敌人用白色标记我们也用白色标记对付,敌人用红色标记我们也用红色标记对付,使敌人受到迷惑。

吴起与秦军作战,尚未交锋时,有一个人为显示自己的勇气,冲上前去斩获两个敌人的人头回来。吴起立刻下令杀他。军吏请求说:"这是个有本领的人,不要杀掉。"吴起回答说:"他确是个有本领的人,但没按我的军令行动。"结果还是把这个人杀掉了。

将理第九

凡将,理官①也,万物之主也,不私于一人。夫能无私于一人,故万物至而制之,万物至而命之。

君子不救囚于五步之外,虽钩矢射之弗及。罢囚之情,不待陈箠楚②,而囚之情可毕。其待拍③人之背,灼④人之胁,束人之指,以得囚情,则国士胜[诬],不肖自[诬]。

故今世千金不死,百金不胥靡⑤。试听臣之言,行臣之术,虽有尧舜之智,不得关⑥一言;虽有万金,不得用一铢⑦。今夫系者,小圄⑧不下十数,中圄不下百数,大圄不下千数。故一人[联十人之事],十人联百人之事,百人联千人之事,千人联万人之事。今夫系者,大者父[母]兄弟有在狱,其次婚姻也,其次知识⑨故人也。是农无不离其田业,贾无不离其肆宅,士大夫无不离其官府。如此关联良民,皆囚之情也。故兵策曰:"十万之师出,费日千金。"今申戍十万之众,而联于囹圄⑩,上不能省,臣以为危也。

[注释]

①理官:司法官。②箠:音chuí。箠楚:古代一种体罚人的刑具。③拍:击,此处为抽打的意思。④灼:音zhuó,烧。⑤胥靡:指刑徒。⑥关:此处指关说,讲情。⑦铢:古代重量单位,一两的二十四分之一。⑧圄:音yǔ,指监狱。⑨知识:此处指相知相识的人。⑩囹圄:指监狱。

[译文]

凡是将帅,都担负着法官的重任,是万种事物的主宰啊,不可偏私于任何人。如果能不偏私于任何人,那么对于万种事物都能依法裁决,对于万种事物都能正确处置。

善于审查案情的人不轻易抓人入狱,即使相距仅五步远,对与自己有仇的人也不随便拘捕。对于囚犯的案情,不用把刑具亮出来,就可以弄清全部情况。如果抽打犯人的脊背,烧烙犯人的两肋,板夹犯人的手指,这样来审讯囚犯的案情,就只有豪杰勇士能够经得起酷刑,不行的人因经受不住而屈打成招。

现在社会上用千金贿赂,犯了死罪的可以免死,用百金贿赂,应判徒刑的可以免刑。如果听从我的方法,即便有尧舜那样的智慧,也得不到对案情说一句话的机会;即便有万金的财富,也得不到用一铢贿赂的机会。现在被关押的人,小监狱里不少于十多人,中等监狱里不少于一百多人,大监狱里不少于一千多人。往往一人牵连十人的事,十人牵连百人的事,百人牵连千人的事,千人牵连万人的事。现在被关押的人,牵连最多的有父母兄弟都在狱中的,其次有亲属同在狱中的,再其次有相知相识的朋友同在狱中的。这使得农民无不离开自己的耕地,商人无不离开自己的店铺,官吏无不离开自己的办公处所。这么多清白无辜的民众被牵连,都是审讯案情不当的结果啊。兵书上说:"十万军队出征,每日耗费千金。"现在需要十万人马守卫边疆,而他们却被牵连于监狱中。国君对这些不能省悟明察,我认为是很危险的。

卷第三

原官第十

官者，事之所主，为治之本也。制者，职分四民①，治之分也。

贵爵富禄必称，尊卑之体②也。好善罚恶，正比法③，会移民之具也。均地分，节赋敛，取与之度也。程④工人，备器用，匠工之功也。分地塞要，殄⑤怪禁淫之事也。守法稽断⑥，臣下之节也。明法稽验，主上之操也。明主守，等轻重，臣主之根⑦也。

刑赏明省，畏诛重奸，止奸之术也。审开塞，守一道，为政之要也。下达上通，至聪之听也。知国有无之数，用其仂⑧也。知彼弱者，强之体也。知彼动者，静之决也。官分文武，惟王之二术也。

俎豆⑨同制，天子之会也。游说间谍无自入，正议之术也。诸侯有谨天子之礼，君臣继世，承王之命也。更号易常，违王明德，故礼得以伐也。官无事治，上无庆赏，民无狱讼，国无商贾，成王至正也。服奉下达，成王至德也。

[注释]

①四民：指士、农、工、商。②体：体统。③比法：古代登记人口和征税的法令。④程：限制，规定。⑤殄：音tiǎn，消灭。⑥稽断：指对于事物的核查决断。⑦根：此处为根本的意思。⑧仂：音lè，余数。⑨俎豆：古时用以祭祀的两种礼器。

[译文]

官吏，是主管各项事务的，设官是治理国家的根本啊。各种官制，按职责分别管理士、农、工、商，是治理国家的分工啊。

给予爵位厚禄必须与德才的高下相当，这是区别尊卑贵贱的体统啊。奖励善行，惩罚恶人，整顿登记人口和征税的有关法令，这是汇总移民数量的工具啊。均分土地，减轻赋税，对于民众的索取和给予都要适度啊。规定工匠的劳动量，准备好物资器具，匠工的工作效率就会提高了啊。划分防区控制险要，这是消灭和禁止各种邪恶事件的措施啊。依照法律果断处理事务，这是臣子应有的责任啊。申明法令并核查执行情况，这是国君应有的操行啊。明确各种官吏的主管事务，衡量各种事情的轻重缓急，这是臣子和国君各司其职的根本啊。

使刑罚和赏赐制度都明确简要，使做坏事的人害怕受到严厉的惩治，这是防止坏人活动的办法。审慎地开辟正确的养生之道，杜绝不良的社会风气，坚持统一的政策标准，这是治理国家的首要事情。上情下达，下情上通，这是了解情况最灵通的办法。知道了国家财政收入的多少，这是保证财用有余的根据。知道了敌国的薄弱之处，这是使自己强大的基础。知道了敌国的动向，这是使自己安定的决定因素。设置文武官吏，这是国君治理国家的两种手段。

祭祀的礼器统一规格，这是天子召会诸侯的礼仪要求。说客和间谍都无机会进入内部，这是贯彻正确意见的保证。诸侯谨守天子规定的礼节，君臣关系世代相传，这是顺承了天子的命令。更改名号，变动常法，违背了天子明白训示的德行，按照礼制就可以进行讨伐。官吏没有什么麻烦事情，国家统治不需要靠上面庆功行赏来维持，国民没有诉讼纠纷，国内没有外来的商人，这是国君所面临的最好政治形势。对臣下的命令能够使人信服尊重，这是国君具备的最佳政治品德。

治本第十一

凡治人者何？曰：非五谷无以充腹，非丝麻无以盖形。故充腹有粒，盖形有缕①。夫在耘耨②，妻在机杼③，民无二事，则有储蓄。夫无雕文刻镂④之事，女无绣饰纂组⑤之作。木器液，金器腥，圣人饮于土，食于土，故埏埴⑥以为器，天下无费。今也，金木之性不寒，而衣绣饰；马牛之性食草饮水，而给菽粟。是治失其本，而宜设之制也。春夏夫出于南亩⑦，秋冬女练⑧于布帛，则民不困。今裋褐⑨不蔽形，糟糠不充腹，失其治也。古者土无肥垆，人无勤惰，古人何得，而今人何失邪？耕有不终亩，织有日断机，而奈何饥寒？盖古治之行，今治之止也。

夫谓治者，使民无私也。民无私则天下为一家，而无私耕私织，共寒其寒，共饥其饥。故如有子十人，不加一饭；有子一人，不损一饭。焉有喧呼酖⑩酒以败善类乎？民相轻佻⑪，则欲心兴，争夺之患起矣。横生于一夫⑫，则民私饭有储食，私用有储财。民一犯禁，而拘以刑治，乌⑬有以为人上也？

善政执其制，使民无私。为下不敢私，则无为非者矣。反本缘理⑭，出乎一道，则欲心去，争夺止，囹圄空。野充粟多，安民怀远⑮，外无天下之难，内无暴乱之事，治之至也。

苍苍之天，莫知其极，帝王之君⑯，谁为法则？往世不可及，来世不可待，求己者也。

所谓天子者四焉：一曰神明⑰，二曰垂光⑱，三曰洪叙⑲，四曰无敌，此天子之事也。

野物不为牺牲⑳，杂学不为通儒㉑。今说者曰："百里之海，不能饮一夫；三尺之泉，足以止三军渴。"臣谓欲生于无度，邪生于无禁。太上神化㉒，其次因物㉓，其下在于无夺民时，无损民财。夫禁必以武而成，赏必以文而成。

[注释]

①缕：线，这里指衣物。②耨：音nòu，锄草。耕耨：这里指耕种。③机杼：织布机，这里指纺织。④雕文刻镂：指在建筑物、用具上雕刻花纹图案。⑤绣饰纂组：指编织丝绸绶带的手工艺。⑥埏：音shān，以水和土。埴：音zhí，黏土。埏埴：和泥制作陶器。⑦南亩：泛指农田。⑧练：把丝麻或布帛煮晒得柔软洁白，此处指染织。⑨裋：音shù，粗布衣服；褐：音hè，兽毛或粗麻制成的衣服。裋褐：指粗陋布衣。⑩酖：音dān，嗜酒。⑪轻佻：轻薄、不安分的意思。⑫横：蛮横，指违背社会准则、倒行逆施的坏事。一夫：此处指暴君。⑬乌：疑问代词，怎么能的意思。⑭反本：此处指返回耕织的本业。缘理：此处指遵循无私的原则。⑮怀远：安抚远方的人，使之归附。⑯帝王之君：这里指五帝、三王。⑰神明：神智精明，头脑敏锐。此处比喻国君主事英明。⑱垂光：此处指国君施恩于天下。⑲洪叙：指维护君臣、父子、尊卑、长幼的统治秩序。⑳牺牲：古代作祭品用的牲畜。㉑通儒：指博学多闻、有真才实学的人。㉒太上：最高、最好。神化：以精神感化天下。㉓因物：根据客观情况因势利导。

[译文]

治理民众用什么办法呢？回答是：没有五谷就不能填饱肚子，没有衣服就不能遮盖身体。所以填饱肚子要有粮食，遮盖身体要有衣服。男人从事耕种，女人从事纺织，国民除了耕织以外不做别的事，国家就有储蓄了。所以男人最好不要干雕刻奢侈品的活，女人最好不要干刺绣装饰品的活。木器易潮湿，金器有腥味，圣人所用的饮具是用土制成，食具也是用土制成，所以揉和黏土制成陶器，天下就不会有奢侈浪费了。当今，金器和木器本来不怕寒冷，却给它们披上锦绣；马和牛本来是吃草饮水的，却喂它们粮食。这样做是违反了事物的本性，应该建立合理的制度加以纠正。春、夏两季男人到农田里耕种粮食，秋、冬两季女人在家里染织布帛，这样民众就不会贫困了。现在民众的粗陋布衣遮不住身体，劣质食物填不饱肚子，这是国家没有治理好啊。古时候土地的肥沃贫瘠与现在没有什么不同，人的勤劳懒惰与现在也没有明显差别，古人为什么生活得好，而今人为什么失掉了好生活呢？主要是现在耕田的人不能全力耕作，织布的人不得不常日停工，这样民众怎么能不挨饿受冻？这是由于古时候实行了治国的好政策，而现在却废止不用了。

所谓治理国家，就是要使民众不谋取私利，如果民众不谋取私利，天下就像一个大家庭，没有私自耕种私自纺织的，挨冻大家都挨冻，挨饿大家都挨饿。这样就好比一个人有十个孩子，不多给他吃一顿饭；一个人有一个孩子，也不少给他吃一顿饭。能这样哪会有吵闹、酗酒以致败坏良好风尚的现象呢？如果民众都轻薄佻荡，那么私欲就会产生，你争我夺的祸患就随之而起了。蛮横的倒行逆施发生在暴君身上，那么民众就会私自储藏粮食吃，私自储蓄财物用。民众一旦违犯了禁令，就抓起来用刑法惩治，怎么能这样当国君呢？

良好的政治在于执行法制，使民众都不去谋取私财。下面的民众不敢谋取私财，就没有为非作歹的人了。返回耕织的本业，遵循无私的原则，把握住一条根本的道理，就能除去私欲之心，你争我夺的事也停止了，监狱里就没有囚犯。许多人在野外耕种，粮食丰收，民心安定，远方的人愿意归顺，外边没有与别国交战的灾难，国内没有暴行、动乱的事情，这就是国家大治了。

苍苍的天空，不知道它的边际，五帝三王这些君主，谁可为我所效法呢？过去的时代已经不可追及，未来的时代不可等待，只有依靠自己的努力啊。

作为天子要具备四个条件：一是要头脑敏锐、主事英明，二是要施恩于天下，三是要维护好君臣、父子、尊卑、长幼的统治秩序，四是要天下无敌，这些都是天子应该做到的事啊。

野生的动物不能作为祭品，杂凑的学说不能算真才实学。现在游说的人常说："百里宽的大海，不够一个不知足的人喝；三尺深的小泉，却足够只求解渴的三军人马饮用。"我认为私欲的产生在于没有节制，邪恶的产生在于没有严禁。最高明的政治是用精神感化天下，其次是根据客观情况因势利导，再次是不占用农忙的时间，不多损耗民众的资财。严禁私欲邪恶必须使用刑罚才有成效，奖赏奉公守法必须结合教育才有成效。

战权第十二

兵法曰：千人而成权，万人而成武①。权先加人者，敌不力支；武先加人者，敌无威接。故兵贵先。胜于此，则胜彼矣；弗胜于此，则弗胜彼矣。

凡我往则彼来，彼来则我往，相为胜败，此战之理然也。夫精诚②在乎神明，战权在乎道③之所极。有者无之，无者有之，安所信之？先王之所传闻者，任正去诈，存其慈顺，决无留刑。故知道者，必先图不知止之败，恶④在乎必往有功？轻进而求战，敌复图止，我往而敌制胜矣。故兵法曰："求而从之，见而加之，主人不敢当而陵之，必丧其权。"

凡夺者无气⑤，恐者不可守，败者无人，兵无道也。意往⑥而不疑则从之，夺敌而无前则加之，明视而高居则威之，兵道极矣。

其言无谨，偷矣⑦；其陵犯⑧无节，破矣；水溃雷击⑨，三军乱矣。必安其危，去其患，以智决之。高之以廊庙之论⑩，重之以受命之论，锐之以逾垠之论，则敌国可不战而服。

[注释]

①武：指威力。②精诚：指精确的判断。③道：此处可理解为对战争规律的认识。④恶：音 wū，何、哪里。⑤夺者无气：此处指部队如果被动挨打，就难以有高昂的士气。⑥意往：决意前往。⑦偷矣：泄露军机。⑧陵犯：此处指进攻敌军。⑨水溃雷击：比喻部队失控，不受约束。⑩廊庙：此处指朝廷。廊庙之论：与《战威》篇"庙胜之论"义同。

[译文]

兵法说：有一千人就能用权谋取胜，有一万人就能形成一种威力。先敌运用权谋，敌人就没有力量抵挡；先敌形成威力，敌人就没有威势接仗。所以用兵贵在先发制人。在这一点上做好了，就能战胜敌人；在这一点上没有做好，就不能战胜敌人。

我军进攻敌人反击，敌人进攻我军反击，两军交战有胜有负，这是战争的规律。对于战争的精确判断在于头脑敏锐主事英明，机动灵活的作战权谋在于深刻理解战争规律。有的显示没有，没有的显示有，敌人哪能摸清我军的真实情况呢？古代国君之所以为后人传颂，是因为能任用正直的人，斥去奸诈的人，保护仁慈和顺的人，惩治坏人决不留滞刑罚。所以懂得战争规律的人，必定事先考虑到一味冒进可能遭到的失败，哪里指望一直向前进攻就能建功呢？如果轻率冒进一意求战，与敌交战后再想中止战斗就难了，即使能撤离，敌人也已取得战争的主动权了。所以兵法说："寻求敌人去追逐他，一见到敌人就去攻打，我军的力量本来不能抵挡却偏去进攻敌人，这样必然会丧失战争的主动权。"

凡军队丧失了主动权就士气低落，军心恐惧就不能固守，作战败北是由于指挥者不胜任，这些都是不懂得用兵规律的缘故。决定要追击敌人而没有任何怀疑就应该追击，敌人士气低落而不敢前进时就发起进攻，明察敌情而居高临下时就威逼敌人，这就算是精通用兵的规律了。

言语不谨慎，就会泄露军机；进攻没有节制，就会被敌人击败；部队散漫急躁，就会全军溃乱了。必须要转危为安，消除祸患，用智谋进行决断。有高明的朝廷决策，注重挑选和任命得力的将领，部队的军事行动迅速锐不可当，能这样敌国就可以不战而服了。

重刑令第十三

将自千人以上，有战而北，守而降，离地逃众，命曰国贼。身戮①家残，去其籍②，发其坟墓，暴其骨于市，男女公于官③。自百人以上，有战而北，守而降，离地逃众，命曰军贼。身死家残，男女公于官。使民内畏重刑，则外轻敌。故先王明制度于前，重威刑于后。刑重则内畏，内畏则外坚矣。

[注释]

①戮：音 lù，杀死。②籍：户籍。③公：指充公。公于官：充作官府奴婢。

[译文]

统率千人以上的将领，如果有作战失败，防守时降敌，擅离战地弃军逃跑的，叫做国贼。对这种人要杀头抄家，取消他的官籍，挖掘他的祖坟，把他的尸骨暴露示众，把他全家男女收入官府为奴婢。统率百人以上的，如果有作战失败，防守时降敌，擅离战地弃军逃跑的，叫做军贼。对这种人要杀头抄家，把他全家男女收入官府为奴婢。使国民畏惧国内的重刑，就能对外蔑视敌人。所以古代国君都先申明法令制度，然后注重使用威刑。注重刑罚国民就对内畏惧，国民对内畏惧对付外敌就坚定了。

伍制令第十四

军中之制，五人为伍，伍相保①也；十人为什，什相保也；五十人为属，属相保也；百人为闾②，闾相保也。伍有干③令犯禁者，揭之，免于罪；知而弗揭，全伍有诛。什有干令犯禁者，揭之，免于罪；知而弗揭，全什有诛。属有干令犯禁者，揭之，免于罪；知而弗揭，全属有诛。闾有干令犯禁者，揭之，免于罪；知而弗揭，全闾有诛。

吏自什长以上，至左右将④，上下皆相保也。有干令犯禁者，揭之，免于罪；知而弗揭者，皆与同罪。

夫什伍相结，上下相联，无有不得之奸，无有不揭之罪。父不得以私其子，兄不得以私其弟，而况国人聚舍同食，乌⑤能以干令相私者哉？

[注释]

①保：指连保法。②闾：音lǘ，是先秦时军队的编制单位。③干：触犯。④左右将：指左右两军的主将。⑤乌：怎么。

[译文]

军队的连保制度规定，五人编为一伍，伍内互相连保；十人编为一什，什内互相连保；五十人编为一属，属内互相连保；百人编为一闾，闾内互相连保。伍内有人违犯军令禁规的，同伍的人揭发他，可以免罪；知道而不揭发，全伍的人都要受惩罚。什内有人违犯军令禁规的，同什的人揭发他，可以免罪；知道而不揭发，全什的人都要受惩罚。属内有人违犯军令禁规的，同属的人揭发他，可以免罪；知道而不揭发，全属的人都要受惩罚。闾内有人违犯军令禁规的，同闾的人揭发他，可以免罪；知道而不揭发，全闾的人都要受惩罚。

军吏从什长以上到左、右两军的主将,上下之间都要互相连保。有人违犯军令禁规的,其他人揭发他,可以免罪;知道而不揭发的人,都与他同罪。

同什同伍的人互相具结,上下军吏之间互相连保,就没有不被捉获的坏人,没有不被揭发的罪行。父亲也不能包庇儿子,哥哥也不能包庇弟弟,何况仅仅吃住在一起的一般人,怎么会有违犯军令而互相包庇的呢?

分塞令第十五

中军,左、右、前、后军,皆有分地①,方之以行垣②,而无通其交往。将有分地,帅有分地,伯有分地,皆营其沟域③,而明其塞令,使非百人无得通。非其百人而入者,伯诛之;伯不诛,与之同罪。

军中纵横之道,百有二十步而立一府柱④,量人与地,柱道相望,禁行清道。非将吏之符节,不得通行。采薪刍⑤牧者,皆成行伍,不成行伍者,不得通行。吏属无节,士无伍者,横门⑥诛之。逾分干地者,诛。故内无干令犯禁,则外无不获之奸。

[注释]

①分地:指部队的营区。②行垣:驻地临时构筑的围墙。③营:营造、修建。沟域:驻地周围开挖的沟界。④府柱:古代军营内用木柱支起的瞭望台。⑤刍:饲养牲畜。⑥横门:也叫衡门,即临时性的营门,此处引申为军营门口的警卫人员。

[译文]

中军以及左、右、前、后各军,都有划分的营地,营地四周构筑起临时的围墙,不许各军之间随便往来。将有自己的营地,帅有自己的营地,伯有自己的营地,都在驻地周围挖有沟界,并申明营地的禁令,使不是本百人中的人不能通行。如果不是本百人中的人擅自进入营地，伯长就惩罚他；伯长如果不惩罚他，就与他同罪。

在军营内纵横的道路上，每隔一百二十步设立一个木柱支起的瞭望台，观察行人和营区各处，瞭望台之间也有人守卫，禁止随便通行，清除道路障碍。没有持本军将吏发给的印信符号作通行凭证的人，不许通过。打柴、放牧的人，都要排队一起走，不排队一起走的人，不许通过。没有持通行凭证的下级军吏以及士卒不排队一起进出营区的，负责营门警卫的军吏可以惩罚他们。越过自己营区进入别的地界的人，都予以惩罚。这样，内部就不会有违犯军令禁规的人，对外就不会有抓获不到的奸细了。

卷第四

束伍令第十六

束伍之令①曰：五人为伍，共一符，收于将吏之所。亡伍而得伍②，当之；得伍而不亡，有赏；亡伍不得伍，身死家残。亡长得长，当之；得长不亡，有赏；亡长不得长，身死家残；复战得首长，除之。亡将得将，当之；得将不亡，有赏；亡将不得将，坐③离地遁逃之法。

战诛之法曰：什长得诛十人，伯长得诛什长，千人之将得诛百人之长，万人之将得诛千人之将，左右将军得诛万人之将，大将军④无不得诛。

[注释]

①束伍之令：指约束部队的法令。②亡：伤亡，损失。得：得到，俘获。③坐：治罪。④大将军：战国时将军的最高一级称号。

[译文]

约束部队的法令规定：士卒五人编为一伍，共签一份连保符书，收存在将吏那里。在作战中，自己伍内的伤亡与斩获的敌人相等，功罪相当，不赏不罚；斩获敌人而自己伍内无伤亡的，有奖赏；自己伍内有伤亡而没有斩获敌人的，要杀头抄家。自己伤亡什长、伯长而斩获敌人什长、伯长的，功罪相当，不赏不罚；斩获敌人什长、伯长而自己什长、伯长无伤亡的，有奖赏；自己伤亡什长、伯长而没有斩获敌人什长、伯长的，要杀头抄家；再次作战时能斩获敌人高一级的军吏，可以免罪。自己伤亡大将而斩获敌人大将的，功罪相当，不赏不罚；斩获敌人大将而自己大将无伤亡的，有奖赏；自己伤亡大将而没有斩获敌人大将的，要按放弃防地、临阵脱逃罪惩治。

战时的军事法令规定：什长有权惩处所属的十人，伯长有权惩处所属的什长，统率千人的将领有权惩处所属统率百人的将领，统率万人的将领有权惩处所属统率千人的将领，左、右将军有权惩处所属统率万人的将领，大将军有权惩处所属的各级将领和士卒。

经卒令第十七

经卒①者，以经令分之为三分焉：左军苍②旗，卒戴苍羽；右军白旗，卒戴白羽；中军黄旗，卒戴黄羽。

卒有五章③：前一行苍章，次二行赤章，次三行黄章，次四行白章，次五行黑章。次以经卒，亡章者有诛。前一五行④置章于首，次二五行置章于项，次三五行置章于胸，次四五行置章于腹，次五五行置章于腰。如此，卒无非其吏，吏无非其卒。见非而不诘⑤，见乱而不禁，其罪如之。

鼓行交斗，则前行进为犯难，后行退为辱众。逾五行而前者有赏，逾五行而后者有诛。所以知进退先后，吏卒之功也。故曰：鼓之前如雷霆，动如风雨，莫敢当其前，莫敢蹑⑥其后，言有经也。

[注释]

①经卒：管理军队。②苍：青色。③五章：用五种颜色做的徽章，士卒佩在身上，用以区分队伍的先后次序。④五行：此处所说的五行似指卒长所属的二十五人。⑤诘：质问。⑥躐：追随、跟踪。

[译文]

管理军队，是用组织条令把军队分为三部分：左军用青色旗，士卒戴青色羽毛；右军用白色旗，士卒戴白色羽毛；中军用黄色旗，士卒戴黄色羽毛。

士卒佩戴有五种颜色的徽章：第一行用青色徽章，第二行用红色徽章，第三行用黄色徽章，第四行用白色徽章，第五行用黑色徽章。以这种次序管理军队，丢失徽章的要受惩罚。第一个五行把徽章戴在头上，第二个五行把徽章戴在脖子上，第三个五行把徽章戴在胸前，第四个五行把徽章戴在腹部，第五个五行把徽章戴在腰间。这样，士卒不会认错自己的官吏，官吏也不会认错自己的士卒。发现不属于本五行的士卒而不进行质问，看见次序混乱的现象而不加以制止，他的罪和违犯军令的人一样。

擂鼓进兵与敌人格斗，这时越过本行往前进击就是敢于战斗，落后于本行贪生怕死就是丢军队的脸。超过本五行而冲锋在前的给予奖赏，脱离本五行而退缩在后的给予惩罚。所以知道进、退、先、后的赏罚规定，是军吏和士卒的常识啊。因此说：战鼓擂响之后部队像雷霆那样迅疾前进，像暴风雨那样猛烈行动，没有人敢于在前面抵挡，也没有人敢于在后面尾追，这就是说军队管理得好啊。

勒卒令第十八

金、鼓、铃、旗①，四者各有法：鼓之则进，重鼓则击。金之则止，重金则退。铃，传令也。旗麾②之左则左，麾之右则右。奇兵则反是。

一鼓一击而左，一鼓一击而右。一步一鼓，步鼓也；十步一鼓，趋③鼓也；音不绝，骛④鼓也。商，将鼓也；角⑤，帅鼓也；小鼓，伯鼓也。三鼓同，则将、帅、伯，其心一也。奇兵则反是。鼓失次者有诛，喧哗者有诛，不听金鼓铃旗而动者有诛。

百人而教战，教成合之千人；千人教成，合之万人；万人教成，会之于三军。三军之众，有分有合，为大战之法。教成试之以阅。方亦胜，圆亦胜，错斜⑥亦胜，临险亦胜。敌在山，缘而从之；敌在渊，没而从之。求敌若求亡子，从之无疑，故能败敌而制其命。

夫蚤⑦决先定。若计不先定，虑不蚤决，则进退不定，疑生必败。故正兵贵先，奇兵贵后，或先或后，制敌者也。世将不知法者，专命而行，先击而勇，无不败者也。其举有疑而不疑，其往有信而不信，其致⑧有迟疾而不迟疾，是三者，战之累也。

[注释]

①金、鼓、铃、旗：古代在战场上传达命令的四种指挥信号。②麾：挥动。③趋：快速行走。④骛：音wù，奔跑。⑤商、角：均为我国古代五音之一，五音依次为宫、商、角、徵、羽。⑥错斜：形容地形复杂。⑦蚤：同"早"。⑧致：此处可引申为战斗。

[译文]

金、鼓、铃、旗，这四种指挥信号各有使用规定：击鼓是命令部队前进，再次击鼓是命令部队向敌人发起冲击。鸣金是命令部队停止，再次鸣金是命令部队后退。摇铃，是说上级有命令要传达。旗向左挥动部队就向左移动，向右挥动部队就向右移动。使用小部队偷袭敌人时就应变换指挥信号。

有时一下一下击鼓是命令部队向左移动，有时一下一下击鼓是命令部队向右移动。走一步击一下鼓，是慢步行进的信号；走十步击一下鼓，是快步行进的信号；鼓声不断，是跑步行走的信号。发商音的，是大将使用的鼓；发角音的，是帅使用的鼓；发音细小的，是伯长使用的鼓。三种鼓音同时发出信号，表明大将、帅、伯长的指挥意图一致。使用小部队偷袭敌人时应变换指挥信号。在战场上击鼓出了差错要受惩罚，大声吵嚷的要受惩罚，不听从金、鼓、铃、旗指挥而随意行动的要受惩罚。

先以百人为编制单位训练作战，训练完成后再集合千人进行合练；千人训练完成后，再集合万人进行合练；万人训练完成后，再集合三军一起合练。三军将士，要训练时而分散时而集中，这是打大仗的方法。三军训练完成后，即举行校阅来检查训练的效果。经过这样训练的部队攻方形阵能获胜，攻圆形阵也能获胜，在复杂地形作战也能获胜，面临险境作战也能获胜。敌人在山上，能攀山去追击；敌人在水中，能下水去追击。寻找敌人像寻找丢失的孩子那样迫切，追击毫不迟疑，所以能打败敌人而致敌于死命。

用兵要早有决心和作战计划。如果作战计划不先确定，决心不早下，那么部队前进、后退就无法确定，疑虑丛生必然招致失败。所以用大部队正面迎敌应先行动，用小部队奇袭敌人应后行动，但先行动或者后行动，都是为了战胜敌人。现在的世袭将领不懂得奇正变化的用兵方法，独断专行，只凭勇气进击敌人，这没有不失败的。作战时敌人的举动有可疑的地方而轻信不疑，进军时有胜利的希望而缺乏信心，发动进攻时该快的不快、该慢的不慢，这三种情况，都是指挥作战的累赘啊。

将令第十九

将军受命，君必先谋于庙，行令于廷。君身以斧钺授将①曰："左、右、中军，皆有分职。若逾分而上请者死。军无二令,二令者诛,留令者诛,失令者诛。"将军告曰:"出国门②之外,期日中③,设营表④,置辕门。期之,如过时,则坐法⑤。"将军入营,即闭门清道,有敢行者诛,有敢高言者诛,有敢不从令者诛。

[注释]

①斧钺:两种古兵器,此处作为斩杀权力的象征。以斧钺授将:国君授予将军统领军队和斩杀部将的权力,这是古代任命将领的一种仪式。②国门:国都的城门。③期日中:以中午为期限。④营表:古代军营中用以观测日影、计算时辰的标杆。⑤坐法:依法治罪。

[译文]

将军接受任命,国君必须先在宗庙里谋划决策,然后在朝廷发布命令。国君亲自把象征统军和斩杀权力的斧钺授予将军说:"左、右、中三军,都有各自的职责。如果超越职分向上请示的处以死刑。军中除主将外不允许有人发布命令,擅自发布命令的要予以严惩,稽留延误命令的要予以严惩,遗失命令的要予以严惩。"将军接受任命后向部下宣布:"出了国都城门之外后,限于某日中午以前,在军营辕门处设置观测日影的标杆以计算时辰,如果迟到了就依法治罪。"将军进入军营后,即下令关闭辕门实行戒严,有敢擅自在军营行走的要严惩,有敢擅自高声喧哗的要严惩,有敢不服从命令的要严惩。

踵军令第二十

所谓踵军①者,去大军百里,期于会地,为三日熟食,前军而行。为战合之表②,合表乃起。踵军飨③士,使为之战势,是谓趋战④者也。

兴军者,前踵军而行,合表乃起。去大军一倍其道,去踵军百里,期于会地,为六日熟食,使为战备。分卒据要塞。战利则追北，按兵而趋之。踵军遇有还者，诛之。

所谓诸将之兵，在四奇⑤之内者胜也。

兵有什伍，有分有合，豫⑥为之职，守要塞关梁而分居之。战合表起，即皆会也。大军为计日之食，起，战具无不及也。令行而起，不如令者有诛。

凡称分塞者，四境之内，当兴军、踵军既行，则四境之民，无得行者。奉王之命，授持符节，名为顺职之吏。非顺职之吏而行者，诛之。战合表起，顺职之吏乃行，用以相参⑦。故欲战，先安内也。

[注释]

①踵军：跟在兴军（尖兵）后面、先于大部队行动的作战部队，类似于前卫部队。②表：标记，信物。③飨：犒赏。④趋战：在战场上向敌人发起进攻。⑤四奇：此处似指兴军、踵军、大军、分卒四个方面的部队编成与相互配合。⑥豫：同"预"。⑦参：此处为核查、检验的意思。

[译文]

所谓踵军，是与大部队相距一百里的前卫部队，要按期到达集结地点，准备好三天的干粮，在大部队前面行进。预先约好联络的信号，接到信号检验无误后就起兵迎敌。踵军出发前应犒赏士卒，使部队保持高昂的士气，时刻准备投入战斗。

所谓兴军，是在踵军前面行进的尖兵，接到联络信号检验无误后就起兵迎敌。兴军与大部队的距离比踵军远一倍，与踵军相距一百里，要按期到达集结地点，准备好六天的干粮，到达后做好各种战斗准备。同时分派士卒占据险要的地方。大部队交战取胜就参加追击逃敌，大部队按兵不动时就做好投入战斗的准备。踵军遇上兴军的逃兵，应予惩办。

各军将领所统率的兴军、踵军、大军、分卒四个方面的部队，如果能互相配合，发挥各自效用，就能胜利地行军作战了。

部队有什和伍的编制，使用时有分散有集中，预先规定各自的任务加以训练，以便分别据守要塞、关卡和桥梁。接到作战的命令后，就全部向规定地点集结。大部队按规定天数准备好干粮，起兵迎敌时，各种作战用具都必须带齐。命令一下就起兵，不按命令行动的应予惩办。

凡是守卫要塞的部队，在所管辖的地区，当兴军、踵军出发之后，在各要塞所管辖地区的民众，就不能随便通行。奉国君的命令，持有所授符节的，叫做传达任务的官吏。不是传令官而擅自通行的人，应予惩办。部队接到作战命令后，持有国君所授符节的传令官就出发进行联络，他所持的符节也要检验无误后才能放行。所以要进行战争，必须先安定好内部。

卷第五

兵教上第二十一

兵之教令①，分营居陈，有非令而进退者，加犯教之罪。前行者，前行教之。后行者，后行教之。左行者，左行教之。右行者，右行教之。教举五人，其甲首②有赏。弗教，如犯教之罪。罗地者③自揭其伍，伍内互揭之，免其罪。

凡伍临陈，若一人有不进死于敌，则教者如犯法者之罪。凡什保什，若亡一人，而九人不尽死于敌，则教者如犯法者之罪。自什以上，至于裨将④，有不若法者，则教者如犯法者之罪。凡明刑罚，正劝赏，必在乎兵教之法。

将异其旗，卒异其章。左军章左肩，右军章右肩，中军章胸前，书其章曰：某甲、某士。前后章各五行，尊⑤章置首上，其次差降之。

伍长教其四人，以板为鼓，以瓦为金，以竿为旗。击鼓而进，低旗则趋，击金而退，麾而左之，麾而右之，金鼓俱击而坐。伍长教成，合之什长。什长教成，合之卒长⑥。卒长教成，合之伯长。伯长教成，合之兵尉⑦。兵尉教成，合之裨将。裨将教成，合之大将。大将教之，陈于中野，置大表三，百步而一。既陈，去表百步而决，百步而趋，百步而鹜，习战以成其节，乃为之赏罚。自尉吏而下，尽有旗，战胜得旗者，各视其所得之爵，以明劝赏之心。战胜在乎立威，立威在乎戮力，戮力在乎正罚。正罚者，所以明赏也。

令民背国门之限⑧，决死生之分，教之死而不疑者，有以也。令守者必固，战者必斗；奸谋不作，奸民不语；令行无变，兵行无猜；轻者若霆，奋敌若惊；举功别德，明如白黑；令民从上令，如四肢应心也。前军绝行乱陈，破坚如溃者，有以也。此之谓兵教。所以开封疆，守社稷，除患害，成武德也⑨。

[注释]

①教令：军事训练的条令。②甲首：此处指伍长。③罗：伏在地上。罗地者：似指在操练时或作战时因伤病倒在地上的人。④裨将：副将。⑤尊：为首的，此处指第一个伍行。⑥卒长：秦国军制中比什长高一级的官职，通常管理二十五人。⑦兵尉：古代军制中管理八百人的官职。⑧限：界线，此处指诸侯国间的疆界。⑨武德：即武功，可理解为军事的最终目的。

[译文]

军队训练的条令规定，士卒要分设营垒列阵，有不听命令进退的，都要以违犯训练条令论罪。前行的士卒，由前行的军吏负责教练。后行的士卒，由后行的军吏负责教练。左行的士卒，由左行的军吏负责教练。右行的士卒，由右行的军吏负责教练。教练好五个人，那个负责教练的伍长可以受奖赏。教练不好，就要按违犯训练条令论罪。因患病不能参加训练的人向伍内说明原因，同伍的人也为他作证，可以免他的罪。

凡是同伍的人临阵交锋，如有一个人不拼死杀敌，那么负责教练的军吏就和犯法的人同罪。一什内的人互相连保，如果一人阵亡，而其余九人不拼死杀敌，那么负责教练的军吏就和犯法的人同罪。从什长以上直到副将级单位,有不按训练条令办事的,那么负责教练的军吏就和犯法的人同罪。凡是想做到刑罚严明,奖赏公平,必须贯彻在平时的训练中。

将领有不同的旗帜,士卒有不同的徽章。左军的徽章戴在左肩,右军的徽章戴在右肩,中军的徽章戴在胸前,徽章上写明:某单位、某人。每军戴徽章的士卒各成前后五行,第一行把徽章戴在头上,第二、三、四、五行依次降低戴徽章的位置。

伍长教练伍内的其他四人,用木板代替鼓,用瓦片代替金,用竹竿代替旗。击鼓就前进,把旗放低就急速前进,鸣金就后退,旗向左挥动就向左移动,旗向右挥动就向右移动,金鼓齐鸣就坐在当地。伍长教练好了,合起来由什长教练。什长教练好了,合起来由卒长教练。卒长教练好了,合起来由伯长教练。伯长教练好了,合起来由兵尉教练。兵尉教练好了,合起来由副将教练。副将教练好了,合起来由大将军教练。大将军教练时,在野外列阵,设置大表柱三个,每隔百步立一个。列阵完毕,在距第一个表柱百步时演练射箭等战斗动作,在距第二个表柱百步时演练快步奔袭,在距第三个表柱百步时演练跑步前进,通过演练各种要领以达到使大将军节制全军的目的,然后根据演练好坏进行赏罚。自兵尉以下的各级军吏,都有指挥旗,作战胜利夺得敌军旗的,按各自得旗的多少和等级奖予相应的爵位,以此表明有功必赏的心意。战胜敌人在于树立军威,树立军威在于将士齐心协力,将士齐心协力在于刑罚公正。刑罚公正了,就可以彰明奖赏的作用了。

使国民背井离乡出国作战,面临生死抉择时,甘愿拼死而不动摇,就是赏罚分明的缘故啊。使防御的必能守牢固,进攻的必能拼死战;奸谋不能发生作用,坏人不敢造谣生事;命令下达不会走样,部队行动没有疑虑;轻装行动迅似雷霆,奋勇杀敌势如惊马;提拔有功的,表扬有德的,像黑白一样分明;使国民服从上级的命令,就像四肢听从心的支配一样啊。前锋部队冲垮敌人的行列,打乱敌人的阵式，攻破敌人的坚固城池像洪水决堤一样不可抵挡，这是部队训练有素的缘故啊。以上这些就是所说的军队训练，为的是开拓疆土，守卫国家，消除祸患，以达到最终的军事目的。

兵教下第二十二

臣闻人君有必胜之道，故能并兼广大，以一其制度，则威加天下。有十二焉：一曰连刑，谓同罪保伍也；二曰地禁①，谓禁止行道，以网外奸也；三曰全车，谓甲首相附，三五相同，以结其联也；四曰开塞，谓分地以限，各死其职而坚守也；五曰分限，谓左右相禁，前后相待，垣车②为固，以逆以止也；六曰号别，谓前列务进，以别其后者，不得争先登不次也；七曰五章，谓彰明行列，始卒不乱也；八曰全曲③，谓曲折相从，皆有分部也；九曰金鼓，谓兴有功，致有德也；十曰陈车，谓接连前矛④，马冒⑤其目也；十一曰死士，谓众军之中有材力者，乘于战车，前后纵横，出奇制敌也；十二曰力卒，谓经旗全曲，不麾不动也。此十二者教成，犯令不舍。兵弱能强之，主卑能尊之，令弊能起之，民流能亲之，人众能治之，地大能守之。国车不出于阃，组甲不出于橐⑥，而威服天下矣。

兵有五致：为将忘家，逾垠忘亲，指敌忘身，必死则生，急胜为下。百人被刃⑦，陷行乱陈；千人被刃，擒敌杀将；万人被刃，横行天下。

武王问太公望曰："吾欲少间⑧而极用人之要。"望对曰："赏如山，罚如溪。太上无过，其次补过，使人无得私语。诸罚而请不罚者死，诸赏而请不赏者死。"

伐国必因其变，示之财以观其穷，示之弊以观其病，上乖下离⑨，若此之类，是伐之因也。凡兴师必审内外之权，以计其去。兵有备阙⑩，粮食有余不足，校⑪所出入之路，然后兴师伐乱，必能入之。地大而城小者，必先收其地；城大而地窄者，必先攻其城；地广而人寡者，则绝其陉⑫；地狭而人众者，则筑大堙⑬以临之。无丧其利，无夺其时，宽其政，夷其业，救其弊，则足以施天下。

今战国相攻，大伐有德。自伍而两⑭，自两而师，不一其令。率俾⑮民心不定，徒尚骄侈，谋患辩讼，吏究其事，累且败也。日暮路远，还有挫气，师老将贪，争掠易败。

凡将轻、垒卑、众动，可攻也；将重、垒高、众惧，可围也。凡围必开其小利，使渐夷弱，则节吝⑯有不食者矣。众夜击者，惊也。众避事者，离也。待人之救，期战而慼⑰，皆心失而伤气也。伤气败军，曲谋⑱败国。

[注释]

①地禁：一种戒严措施，目的在于捕捉奸细。②垣：墙。垣车：指用战车圈起来的围墙。③曲：指部曲，古代军队的编制。④前矛：古代行军时，前方的斥候以矛为旌，遇有敌情，举矛以报后军。这里指斥候或前哨部队。⑤冒：遮掩，覆盖。⑥国车不出于阃，组甲不出于橐：阃，音 kǔn，门槛。组甲，漆成组纹的铠甲。橐，音 gāo，盛甲的器具。这两句话的意思是不必出兵打仗。⑦被刃：可理解为冒死作战的意思。⑧少间：很短时间。⑨乖：音 guāi。乖戾：违反情理。⑩阙：同"缺"。⑪校：此处指调查研究。⑫陉：音 è，险要之处。⑬堙：音 yīn，炎攻城而堆积的土山。⑭两：古代军队中的一种编制，一般为二十五人。⑮率俾：致使，使得。⑯节吝：节省。⑰慼：音 cù，着急，发愁。⑱曲谋：错误的谋略。

[译文]

我听说国君掌握了必胜的道理，就能兼并广大的土地，统一各地的制度，从而威震天下。应当从十二个方面做起：一是连刑，即一人犯罪，同伍连坐；二是地禁，即禁止在防区内随便通行，以防止奸细从事间谍活动；三是全车，即战车上的甲士和步卒互相配合，三辆、五辆车都能协同作战，连成一个整体；四是开塞，即划分防区，使各人都忠于职责坚守岗位；五是分限，即营阵左右互相警戒，前后互相照应，把战车环绕起来，连接加固作为垣墙，以便御敌和保障宿营安全；六是号别，即前列部队要努力前进，而后续部队不得抢先冒进，搞乱阵势；七是五章，即用五种颜色的徽章标明行列，使部队不至于混乱；八是全曲，即各将领的部曲之间虽然互相连贯，但要各自保持所属队形；九是金鼓，即用军乐激励将士杀敌立功，为国尽忠；十是陈车，即用战车排列成阵，前后相接，用东西从两侧遮住马眼，以免惊恐；十一是死士，即在各军中选拔有才能而勇敢的人，乘着战车，忽前忽后纵横冲杀，给敌人以出乎意料的奇袭；十二是力卒，即派得力的士卒掌管军旗指挥全军，没有命令不得乱动。这十二个方面都教练好，再加上对违犯军令的人决不宽恕。这样，战斗力弱的部队能够强大起来，卑微的国君能够尊贵起来，废弛的法令能够得到整顿，流离的民众能够归附，人口众多能够治理好，广大的国土能够固守。国内的战车不用驶出城门，士卒的盔甲不用打开包装，就能威震天下了。

军人应做到五条：受封为将时要忘掉自己的家庭，出国作战时要忘掉自己的亲人，临阵杀敌时要忘掉自己的安危，抱定必死的决心以获得生存，急于求胜那是下策。一百人拼死战斗，就可以攻陷敌阵；一千人拼死战斗，就可以擒敌杀将；一万人拼死战斗，就可以横行天下。

周武王问太公望说："我想请您用点时间告诉我用人的要领。"太公望回答说："奖赏要像高山那样重，惩罚要像溪水那样深。执行赏罚最好没有过失，其次是有了过失及时纠正，这就使人无可非议了。对于有罪该罚而请求不罚的处死，有功该赏而请求不赏的处死。"

讨伐别的国家必须利用它内部的变故，从该国财政情况考察它的穷困程度，从该国暴露的弊端考察它的危机所在，如果它的国君乖戾专横、臣下离心离德，像这些情况，都是可以进行讨伐的依据。凡出兵作战必须审察敌我双方的得失变化，以计划自己的行动。掌握了部队的兵员和装备情况，知道了粮食供给的数量多少，调查研究了行军路线的远近险易，然后出兵讨伐变乱的国家，必定能攻入敌境。对地大而城小的国家，要先占领它的土地；对城大而地窄的国家，要先攻取它的城市；对土地广阔而人口稀少的国家，要切断它的险要处；对土地狭窄而人口众多的国家，要构筑土山居高临下攻城。对所攻占敌国不损害民众的利益，不耽误民众的农时，实行宽大的政策，让民众安居乐业，拯救民众的疾苦，那就足以施恩于天下了。

现今各诸侯国交相攻战，大肆侵犯施行德政的国家。军队从伍到两，从两到师，上下的号令不统一。致使军心不定，只知骄傲奢侈，图谋惹是生非，军吏追究这些，既劳累又误事。天昏暗路遥远，还师挫伤士气，部队久战疲劳，将帅贪财争功，士卒争相劫掠，这种军队很容易被打败。

凡是敌将轻率、营垒低矮、军心动摇的，就可以进攻他；敌将权重、营垒高厚、军心畏惧的，就可以包围他。凡包围敌人必须给其留一点希望，使敌军斗志逐渐削弱，最后即使节省粮食也不够吃了。敌军夜间敲击器物，是惊恐的表现啊。敌军遇事不听指挥，是离心离德的表现啊。坐等救兵增援，临战局促不安，都是丧失信心而士气低落的表现。士气低落就会导致军队失败，谋略错误就会导致国家灭亡。

兵令上第二十三

兵者，凶器也；战者，逆德也；争者，事之末也；王者^①伐暴乱而定仁义也。战国所以立威侵敌，弱国之所不能废也。

兵者，以武为栋，以文为［植］^②；以武为表，以文为里；

以武为外，以文为内。能审此三者，则知所以胜败矣。武者所以凌敌分死生也，文者所以视利害观安危；武者所以犯敌也，文者所以守也。兵之用文武也，如响之应声，如影之随身也。

兵以专一③胜，以离散败。陈以密必固，以疏则达④。将有威则生，失威则死，有威则胜，无威则败。卒有将则斗，无将则北，有将则死，无将则辱。威者，赏罚之谓也。卒畏将于敌者，战胜；卒畏敌于将者，战北。未战所以知胜败，固称⑤将于敌也，敌之于将犹权衡⑥也。

兵以安静治，以暴疾乱。出卒陈兵，固有恒令。行伍之疏数⑦，固有恒法。先后之次有适宜。恒令，非追北袭邑。先后不次则失也，前失后斩。兵之恒陈，有向敌者，有内向者，有立陈者，有坐陈［者］。向敌所以备外也，内向所以顾中也，立陈所以行也，坐陈所以止也。立、坐之陈，相参⑧进止，将在其中。坐之兵剑、斧，立之兵戟、弩，将亦居中。善御敌者，正兵先合，而后扼⑨之，此必胜之术也。

将与卒，非有父子之亲、血肤之属、六亲之私也。前虽有千仞之溪⑩、折脊之渊，然而见敌走之如归，见入汤火如蹈者，前见全明之赏，后则见必死之刑。将前不能明其［赏，后不能严其刑］，则败军、死将、擒⑪卒也。将之能制士卒，其在军营之内，行陈之间，严刑罚，明庆赏，全功发之得。

陈斧钺，饰章旗，有功必赏，犯令必死。及至两敌之相距，行陈薄近，将提枹⑫而鼓之，存亡生死，存枹之端矣。虽有天下善兵者，不能御大鼓之后矣。出卒陈兵，行陈视敌，章旗相望，矢弩未合，兵刃未接，先䜧⑬者虚，后䜧谓之实，不䜧谓之秘。虚、实、秘者，兵之体也。

［注释］

①王者：能够称王于天下的人。②植：指立柱。③专一：团结一致的意

思。④达：通达，此处指易被攻破。⑤称：衡量，比较。⑥权：秤砣。衡：秤杆。⑦数：音 shuò。⑧相参：相配合。⑨扼：控制，此处可引申为攻击。⑩仞：音 rèn，古代的长度单位，一仞为七尺或八尺。溪：山涧。千仞之溪指万丈深渊。⑪擒：此处指被杀死。⑫枹：音 fú，鼓槌。⑬谞：又作"嚆"，竹简整理小组认为当读为"号"，大声呼叫的意思。

[译文]

兵器，是杀人的凶器；战争，是违背道德的行为；掠夺，是最恶劣的事情；所以王者讨伐暴乱是为了伸张仁义啊。现在交战的各国正是靠这个才能树立威望抗击外敌的，弱小的国家也正是靠这个才能不被灭亡的啊。

用兵这件事，以军事为骨干，以政治为根植；以军事为表象，以政治为实质；以军事对付外敌，以政治治理国内。能察明这三个方面，就可以懂得战争胜败的道理了。军事是用来与敌作战、拼死决斗的，政治是用来明察利害、观测安危的；军事是用来打击强敌的，政治是用来守卫国家的。战争中使用文武两种手段，就像一次响声的回音，就像一个身体的影子密不可分啊。

部队因为意志统一而取胜，因为离心离德而失败。布阵如果紧密必然坚固，如果疏松就易被攻破。将帅有威信就有生的安全，失去威信就有死的危险，有威信指挥作战就能获胜，没有威信指挥作战就会失败。士卒有将吏指挥就战斗，没有将吏指挥就逃走，有将吏指挥就会作战，没有将吏指挥就带来屈辱。威信，是赏和罚的目的啊。士卒畏惧将帅超过了畏惧敌人的，战争就胜利；士卒畏惧敌人超过了畏惧将帅，战争就失败。交战之前就能预知胜败的原因，是事先比较了将帅的威望与敌人的威风，敌人与将帅的关系好比衡量轻重的秤砣一样啊。

部队是靠冷静沉着才治理好的，是因为急躁才陷于混乱。出兵列阵，有固定的条令。队形的疏密，也有固定的法则。前后的次序同样有适当的规定。固定的条令，不用于追击逃敌和奔袭城邑。前后的次序紊乱了就会失去控制，前边的人扰乱次序后边的人就可以杀掉他。部队通常列阵，有面向敌人的人，有面向内部的人，有站立的阵式，有坐着的阵式。面向敌人是为了防备敌人的袭击，面向内部是为了保卫中军的安全，站立的阵式是为了准备进攻的，坐着的阵式是为了准备驻守的。站立、坐着并行的阵式，是为了进攻和驻守两相配合的需要，将帅要在阵中指挥。坐着的阵式中使用的兵器是剑和斧，站立的阵式中使用的兵器是戟和弩，将帅对此也要在阵中指挥。善于抵御敌人的将帅，先用正面部队与敌交战，然后用机动部队给敌人以致命的打击，这是必胜的战术啊。

将帅与士卒之间，没有父子般的亲爱、血肉般的亲密、亲人般的亲近啊。前面虽然有万丈深渊、峻峭山谷那样的险境，然而士卒遇到敌人义无反顾地冲上去，遇到危难敢于赴汤蹈火，这是因为向前见到齐全明确的奖赏，向后则见到必死无疑的刑罚。作为将帅如果前不能明确宣布他的奖赏要求，后不能严格执行他的刑罚条令，就会出现军队溃败、将吏死伤、士卒被害的局面。将帅如果想治理好士卒，他就应无论在军营之内，还是在行军列阵之时，都严格执行刑罚条令，明确宣布庆功奖赏，这样才能取得发兵时预定取得的功效。

陈列斧钺，设置章旗，是为了表示立了功必定奖赏，违犯军令必定处死。等到敌我双方在战场上相对峙，在很近的地方互相列阵已毕，将帅擂鼓指挥作战的时候，国家的存亡、将士的生死，全在于将帅的指挥是否得当了。虽然天下有会用兵的人，也不能抵御正确指挥下的军队。当派出士卒拿着兵器，列好阵式威逼敌人，戴好徽章设立军旗，两军矢弩尚未交射，双方兵器还没接触，这时先大声喊叫的是虚张声势，后大声喊叫的是力量充实的表现，不大声喊叫的是另有计谋的表现。虚、实、秘这三种情况，是用兵作战的三种不同形态啊。

兵令下第二十四

诸县去军百里者，皆为守御之备，如居边之一城也。有令起军，将吏受鼓旗、戈甲①。发日，后其将吏出于县部界者，以坐后戍②法。兵戍边一岁遂亡不从其将吏，比于亡军。父母妻子知之，与同罪；弗知，赦之。卒后将吏至大将之所一日，父母妻子尽同罪。卒逃归至家一日，父母妻子弗捕执及不言，亦同罪。

战而失其将吏，及将吏战而死，卒独北而还，其法当尽斩之。将吏将其卒北，斩其将而夺其卒者，赏。军无功者戍三岁。军大战，大将死，从吏五百以上不能死敌者，皆当斩。及大将左右近卒在陈中者，皆当斩。余士卒有军功者夺一功③，其无军功者戍三岁。战亡伍人，及伍人战死不得其尸，同伍尽夺其功，[其无] 军功者戍三岁。得其尸，罪赦。卒逃归及……军之伤[□] 也，国之大费也，而将不能禁止，此内自弱之道也。

军之利害，在国之名实。名在军而实居于家，[军] 不得其实，家不得其名。聚卒为军，有空名而无实。外不足以御敌，内不足以守国，此军之所以不给④，将之所以夺威也。臣以谓⑤卒逃归者，同舍伍人及吏以其粮为饶⑥，而身食于家。是有一军之名，而有二实之出，国内空虚尽竭，而外为岁，曷⑦内北之数也。能止逃归禁亡军，是兵之一胜也。使什伍相联也，及战斗则卒、吏相救，是兵之二胜也。将能立威，卒能节制，号令明信，攻守皆得，是兵之三胜也。

古之善用兵者，能杀⑧士卒之半，其次杀其十三，其下杀其十一。能杀其半者，威立海内；能杀其十三者，力加⑨诸侯；能杀其十一者，令行士卒。臣闻：百万之众而不战，不如万人之尸；万人而不死，不如百人之鬼。赏明如日月，信比四时；令严如斧钺，利如干将⑩。而士卒有不死用者，未尝之闻也。

[注释]

①戈甲：戈是古代一种横刃长柄的兵器。甲是用金属制成的防护服。此处戈甲指武器装备。②戍：音 shù，守卫边疆。③夺一功：意为抵销一次功劳。④给：音 jǐ，此处指兵员充足。⑤以谓：以为，认为。⑥饶：富足。⑦曷：音 hé，怎么。⑧杀：此处为裁减的意思。⑨加：超越的意思。⑩干将：宝剑名，参见本书《武议》篇注㉕。

[译文]

距离主力部队百里远的各县，都要准备好防守御敌，就像驻守边境的城堡一样啊。有命令出动军队时，各县的将吏也同样接受战鼓军旗、武器装备。出发的那天，如果谁比所属将吏晚出本县县界的，按后戍法治罪。士卒守卫边境一年后擅离职守不听从将吏指挥的，按逃兵一样治罪。父母妻子知道情况的，就与犯人同罪；不知道的，就赦免他们。士卒迟于将吏一天到达大将军集中部队的地方，他的父母妻子都同样治罪。士卒逃跑回家了一天，他的父母妻子不捉他送官又不报告的，也同样治罪。

在战斗中士卒丢下将吏不顾，以及将吏战死后，士卒独自败逃回来的按军法都应当斩杀。将吏率领所部士卒一起败逃，别的将吏如果能杀掉这个将吏并接管其指挥权的，给予奖赏。这些士卒中没有战功的罚守卫边境三年。在全军参加的大规模战斗中，若是大将军战死，他的部下凡统率五百人以上的将吏不能拼死杀敌的，都应当斩杀。大将军左右的亲兵凡当时在阵中的，都应当斩杀。其余士卒凡有军功的抵销一次功劳，凡没有军功的罚守卫边境三年。战斗时伍内有人逃亡，以及伍内有人战死而没有夺得他的尸体，同伍的人都要被剥夺军功，凡没有军功的罚守卫边境三年。能夺得战死者尸体，他们的罪就可赦免。士卒逃跑回来……是军队的致命伤啊，是国家的大浪费啊，而将帅们却不能加以禁止，这是从内部自己削弱自己的做法啊。

军队的利弊得失，在于国家的兵员名额与实际人数是否相符。士卒的名籍在军队而实际上人居住在家里，军队没有这个人，家里没有他的名籍。征集士卒编成军队，只有空的名额而没有实际的兵员。对外不足以抵御敌人，对内不足以守卫国家，这就是军队兵员不充实，将帅丧失威望的原因啊。我认为现在士卒逃跑回家的，与他住在一个营房内的同伍士卒和主管将吏把他的军粮私自分了，而他实际上在家里吃饭。这样有一个兵员名额，就要有两份军粮的支出，弄得国内财政空虚竭尽，而士卒们却年年征战在外，这怎么能减少逃兵的数量啊。能够禁止士卒逃跑回家，这是取得战争胜利的第一个条件。平时使同什同伍的人互相连保，到与敌战斗时士卒、将吏就能互相救助，这是取得战争胜利的第二个条件。将帅能够树立威信，士卒能够听从指挥，号令明确有信用，攻击和防守都运用得当，这是取得战争胜利的第三个条件。

古时候善于用兵的统帅，能裁减掉所属士卒的一半人，稍差一些的能裁减掉十分之三，再差一些的也能裁减掉十分之一。能裁减掉一半人的，威望可以在四海之内树立起来；能裁减掉十分之三的，武力可以在邻国诸侯中称霸；能裁减掉十分之一的，号令可以在士卒中贯彻执行。我听到过这样的说法：一百万人不勇敢战斗，不如一万人拼命杀敌；一万人不拼命杀敌，不如一百人誓死奋战。奖赏像日月那样明正，才能够像四时更替那样得到信赖；号令像斧钺那样威严，才能够像干将宝剑那样锋利无比。这样士卒还有不拼死效命的，是没有听说过的啊。

附 录

梁惠王年世考

梁惠王即魏惠王,名罃,因其在位时将魏国的都城由安邑(今山西省夏县西北禹王村)迁到大梁(今河南省开封市),所以又称为梁惠王。梁惠王的年世问题,在战国史的研究中是一个非常重要的问题,而且这个问题直接关系到《尉缭子》的成书时代和作者,必须加以考证。过去,虽有不少研究战国年代的学者对此作过考订,但是由于史料记载的歧异,一直没有能够彻底解决。唐代司马贞认为:"实所不能详考。"(《史记·田敬仲完世家·索隐》)清代梁玉绳指出:"所书各异,实一大疑案,有不可不辨者。"(《史记志疑》,中华书局1981年版)近人梁启超也慨叹:"随处感牴牾,莫衷一是。"(梁启超:《先秦学术年表》,载《古史辨》第四册,上海古籍出版社1982年版)

关于梁惠王的年世即其在位的时间,总的来讲有两种传统观点。一种观点是以《史记·魏世家》、《史记·六国年表》等为根据,认为魏惠王在位三十六年而卒,另一种观点是以西晋太康二年在汲郡出土的《竹书纪年》为根据,认为魏惠王在位三十六年后并未卒,而是改元称惠成王。

对于第一种观点，前辈学者在研究中已经找出了充分的材料证实了"魏惠王在位仅三十六年"的说法是不正确的，绝大多数历史学家现已摒弃了这种观点。

自晋人杜预、荀勖之后，历代许多学者如雷学琪、梁玉绳、朱右曾、王国维、罗根泽、陈梦家、杨宽等都深信《竹书纪年》的记载，但是他们彼此之间的看法也不尽相同，对于魏惠王的即位年代和卒年，雷学琪、朱有曾、陈梦家、杨宽就分别持三种不同的观点，现予以分别排列如下：

	魏惠王元年	惠成王卒年
雷学琪 朱右曾	周烈王六年 （前370年）	周慎靓王二年 （前319年）
陈梦家	周烈王七年 （前369年）	周慎靓王三年 （前318年）
杨　宽	周烈王七年 （前369年）	周慎靓王二年 （前319年）

产生以上分歧的主要原因是出土的竹书原简和晋代学者所作的释文早已佚散，现在所见到的《竹书纪年》，都是后人从不同的古籍中辑出来的，而各种古籍对《竹书纪年》的征引又有差别，如《史记·魏世家·索隐》引《纪年》说："惠成王三十六，又称后元一，十七年卒。"我们简称这个说法为"后元十七年说"，而《春秋经传集解后序》引古书《纪年篇》说："惠王三十六年改元，从一年始，至十六年而称惠成王卒。"我们简称这个说法为"后元十六年说"，其他一些史籍的征引，有的与"后元十七年说"相同，也有的与"后元十六年说"相同。方诗铭、王修龄编著的《古本竹书纪年辑证》（上海古籍出版社1981年版）一书，试图解释这一矛盾，他们认为："所谓后十七年卒，实自三十六年起计算，与《后序》所录《纪

年》原文十六年惠成王卒，其间似无矛盾。"总之，历代所有以《竹书纪年》为据来判定梁惠王年世的论者，几乎都把梁惠王的卒年局限在惠成王后元十七年或后元十六年（即前318年或前319年）。但是，笔者认为《竹书纪年》本身的记述也并非绝对可信，其中亦不乏可质疑处，我们试举魏惠王迁都大梁的时间问题为例：

《史记·魏世家》把迁都时间列在魏惠王三十一年，《水经·渠水注》、《汉书·高帝纪臣瓒注》等把迁都时间列在魏惠王六年四月，《史记·魏世家·集解》、《孟子·梁惠王上·正义》等则把迁都时间列在魏惠王九年四月甲寅。以上三种说法，除《史记·魏世家》"惠王三十一年迁都说"之误，清代学者已有详尽考辨外（可参看雷学琪的《竹书纪年义证》和朱右曾的《汲冢纪年存真》等书），"六年迁都说"和"九年迁都说"均源自《竹书纪年》，这就使后代的论者们感到不知所从，莫衷一是。经过对这两种记载进行反复分析后，笔者以为无论是"六年迁都说'还是"九年迁都说"，都存在着难以解释的矛盾。试简要辩证如下，在魏惠王八年之前，魏国不仅在战国诸侯中处于首强地位，而且除了曾在石门（今山西省运城县西南）一役偶然败于秦国外，几乎是每战必胜，从有关的历史记载中也没有发现这几年魏国有大的自然灾害。迁都是一件大事，如果不是在某种原因迫使下，继位伊始的魏惠王绝不会无故而兴此举。那么，魏惠王继位仅六年为什么要把都城从安邑迁到千里之外的大梁呢？我们实在难以找出其中的原因。如果说迁都是在魏惠王九年四月甲寅，也同样存在问题。据可靠推算，魏惠王九年四月"己未朔，是月有甲子、甲戌、甲申而无甲寅"（方诗铭、王修龄编著：《古本竹书纪年辑证》，上海古籍出版社1981年版，第111页）。另外，从魏都由安邑迁到大梁的方向和距离来看，明显是为了避秦之锋芒，而魏惠王九年时，商鞅尚未变法，秦国还不强大，没有什么锋芒可避。因此我们同意这样的看法，即认为《竹书纪年》关于魏惠王迁都大梁的时间所作的两种记载"并误"(郝懿行、王以谦编著:《竹书纪年校正》,清光绪五年版)。司马贞在《史记·魏世家·索隐》中就曾说过:"《纪年》以为惠王九年,盖误也。"梁玉绳不但否定了"九年迁都说",而且认为:"今本《纪年》在六年,与《汉书·高帝纪臣瓒注》及《水经注》二十二卷所引同,尤非也。"(《史记志疑》)钟凤年的《战国疆域变迁考序例》(《禹贡》半月刊第六卷十期,1937年1月版)和吴汝煜的《关于魏国迁都大梁时间》(见《文史》第十九辑,中华书局1983年版)等文章也以翔实的材料批驳了《竹书纪年》"九年迁都"和"六年迁都"的两种记载。

  笔者认为,《竹书纪年》所记某些重要年代的失实,虽不能排除历代摘引者传抄的讹误,但更大的可能是《竹书纪年》原简的作者出于某种政治上的原因,有意识地把个别重要事件的年代记错。这个判断虽然还缺少更多的确切证据,但是至少可以找到一条与梁惠王的年世问题直接有关的线索。《史记·魏世家》中记载了魏惠王的第一个太子申被齐国俘虏后,"以公子赫为太子",又《战国策·魏策二》"惠施为韩魏交"章记载,魏惠王还曾立过公子鸣为太子,而最后继梁惠王位的却是嗣,他就是梁襄王亦即《竹书纪年》中所说的"今王"。奇怪的是,包括《竹书纪年》在内的任何历史文献都没有说明公子赫和公子鸣的下场,也没有记载嗣是否曾被立为太子。《战国策·魏策》中还有两段文字引人深思,"魏惠王起境内众"章载:"魏惠王起境内众,将太子申而攻齐。客谓公子理之传(傅)曰:'何不令公子泣王太后,止太子之行?……王听公子,公子不(必)封,不听公子,太子必败;败,公子必立,立,必为王也。'"而"庞葱与太子质于邯郸"章载:"庞葱与太子质于邯郸,谓魏王曰:'……今邯郸去大梁也远于市,而议臣者过于三人矣。愿王察之矣。'……于是辞行,而谗言先至。后太子罢质,果不得见。"这里既无法判断在太子申死后,公子理是否被立为了太子,也有没说明同庞葱一起

"质于邯郸"、因谗言罢质后不得见魏惠王的那位太子指的是谁。由于现存史料的不足，上述问题暂时还难以彻底解决，但是联系到魏惠王即位前曾与公子缓"争为太子"（《史记·魏世家》）的史实，使我们不能不考虑，在梁惠王死后，魏国是否旧戏重演，又发生了一场争夺王位的斗争，嗣可能就是在这场斗争中夺得政权，自立为王的。我们知道，梁襄王即位之初，就与孟子有过接触，当时魏国在诸侯争霸战争中屡遭挫折，正面临着严重的挑战，非常需要像孟子这样有名望学者的支持，梁襄王一见其面，就急于请教天下怎样才能安定？而孟子只是答道"定于一"（《孟子·梁惠王上》），然后拂袖而去，并对人指责梁襄王"不似人君"（《孟子·梁惠王上》）。孟子一生都讲求所谓"行仁政"，对"不仁"的越轨之事一向深恶痛绝，他"定于一"的主张不仅是想实现天下的统一，从当时的背景来看，很可能还含有另一层意思，即反对各国统治者父子、兄弟之间互相倾轧，争权夺利的事情。

《竹书纪年》的作者作为梁襄王的臣下，在编撰魏国史记时，一定会设法对涉及"今王"的劣迹加以掩盖，其中就很可能在梁惠王的卒年问题上做了文章。

现存的各种历史记载中，关于梁惠王之死，要数《吕氏春秋·开春论第一》和《战国策·魏策二》"魏惠王死"章共同保存的一条史料最为详细，为了便于论证，现摘引其中部分内容如下："魏惠王死，葬有日矣。天大雨雪，至于牛目，坏城郭，且为栈道而葬。群臣多谏太子者，曰：'雪甚如此而丧行，民必甚疾（病）（括号内为《战国策》文，下同）之。官费又恐不给，请弛期更日。'太子曰……群臣皆不敢谏（言），而以告犀首。犀首曰：'吾未有以言之也，是其唯惠子乎！请告惠子。'惠子曰：'诺。'驾而见太子曰……"这段记载虽未注明惠王死的具体年代，但其中却有两点值得注意。第一点是：张仪在魏惠王当政时多次相魏，此节却无一字提及张仪，而且从"群臣皆不敢言，而以告犀首。……惠子曰"等句中可以判定，梁惠王死时张仪不在魏国，而他的政敌犀首、惠施等人却在魏国掌权。《史记·秦本纪》明确记载："秦惠文王更元三年，张仪相魏……八年，张仪复相秦……武王元年，张仪东出之魏。"根据陈梦家《六国纪年》（上海人民出版社 1956 年版）换算，秦惠文王更元三年为公元前 322 年，更元八年为公元前 317 年，秦武王元年为公元前 310 年。杨宽《战国大事年表》（《战国史》，上海人民出版社 1980 年版，第 653 页）、万国鼎《中国历史纪年表》（中华书局 1978 年版）同陈说完全一致。应当指出，《史记·魏世家》把张仪相魏列在襄王十三年，把张仪复相秦列在襄王十六年。如果按襄王十三年即惠王后元十四年，襄王十六年即惠王后元十七年计算，这两个时间都正好同《秦本纪》的记载相差一年。张仪相魏在哪一年我们姑且不论，仅就其复相秦的时间加以考订，我们知道，战国各诸侯国使用的历法不统一，魏国用夏历，以正月为岁首，秦国用颛顼历，以夏历十月为岁首。所以魏国前 318 年的最后三个月，在秦国已经算是前 317 年了。这样看来，《魏世家》的记述与《秦本纪》的记述实际上并不矛盾，也就是说：从公元前 322 年（或前 321）至公元前 317 年，张仪在魏为相，从公元前 317 年他复相秦，直到公元前 310 年才又回到魏国。根据魏惠王死时犀首为魏相、惠施已回到魏国，以及张仪不在魏国等史实，我们认为魏惠王的卒年应在公元前 317 年至公元前 310 年之间。以前有的学者也曾注意到上述问题，但是他们为了迁就《竹书纪年》，硬把张仪复相秦和惠施重返魏国都提到公元前 319 年，以证明惠施"及见梁惠王之死"（梁启超：《先秦学术年表》，载《古史辨》第四册，上海古籍出版社 1982 年版）和张仪未见梁惠王之死的记载与《竹书纪年》没有冲突，这种做法是不科学的。

另一点值得注意的是：像"天大雨雪，至于牛目，坏城郭"这样特殊的恶劣天气，作为魏国史记的《竹书纪年》应该记载，但无论是魏惠王三十六年，还是梁惠王后元十七年（或后元十六年）都没有发现任何与《吕氏春秋》和《战国策》相类似的记载。而引人注目的却是《水经·济水注》引《纪年》记有："魏襄王十年十月，大霖雨，疾风，河水溢酸枣郛。"如果按《竹书纪年》魏襄王元年为公元前319年算起，这条材料中所谓的魏襄王十年十月恰好是公元前310年10月，与我们前面推测梁惠王死的时间相符。《吕氏春秋》、《战国策》同《竹书纪年》并非出于一人之手，居然能够互相印证，难道仅仅是巧合吗？

诚然，问题还是存在的。首先是《吕览》、《战国策》说"大雨雪"，而《纪年》云"大霖雨"，其次是魏国都城在大梁，而《水经注》引《竹书纪年》的材料中却有"河水溢酸枣郛"的话。这两点矛盾之处尚需今后进一步深入研究才能彻底解决，笔者在此仅作些初步考证。

第一个矛盾：据竺可桢《中国近五千年来气候变迁的初步研究》（《考古学报》1972年第1期）研究，战国时开封的初霜期和雨水节都较现在为早。杨宽《战国史》据此认为："战国时代的气候要比现在温暖得多。"根据笔者所能见到的有限资料，开封一带虽有雨雪交加的现象，但不常见，而在几千年前暖和得多的情况下，就必然更为少见。假如仅下大雪，不大会"坏城郭"，既下了大雨，就不大可能"雪甚"，"至于牛目"。因此"雪"字似为衍入，所谓"大雨雪"很可能就是《纪年》所说的"大霖雨"。

第二个矛盾：魏都虽在大梁，但是梁惠王死后，任何史书都没有记明葬在哪里。《西京杂记》卷六中有以下一段文字："广川王去疾，好聚无赖少年游猎。……国内冢藏，一皆发掘……所发掘冢墓，不可胜数。……魏襄王冢，皆以文石为椁，高门尺许，广狭容四十人，以手摸椁，滑液如新。中有石床、石屏风，婉然周正，不见棺柩明品踪迹。……哀王冢，以铁灌其上，穿鏨三日乃开。……"据杨露考证，

《西京杂记》并非晋代葛洪所写，而是西汉刘歆的作品（《历史知识》1980年第3期）。如果所论属实，那么上述文字就是已知关于战国魏国王冢的最早记载，但这条材料是刘歆辗转听来的，漏洞很多。而且既无其他文献可作旁证，文中又无确切的内证可资说明广川王去疾所发掘的确为魏襄王冢。因此，在未见到新的可靠证据之前，这条记载只能作为参考而不应引以为据。后来曾有不少人推断在汲郡出土《竹书纪年》的古冢是魏襄王或魏安釐王之墓，虽然他们的推断也不一定能够成立，但笔者认为，战国时各诸侯国国君的冢墓未必在其国都内。我们从《战国时代黄河中淤地区图》（载杨宽《战国史》，上海人民出版社1980年版）中可以发现，从大梁至汲郡，中途正好要经过酸枣。既然已在汲郡发现了魏王或魏国某个重要人物的冢，魏惠王死后是否可能也被葬在汲郡附近？从《吕氏春秋》、《战国策》"且为栈道而葬"、"官费又恐不给"等记载来看，不像在大梁就地而葬，而有很大可能是要把魏惠王的灵柩运到其他某地（汲郡附近？）下葬。又酸枣郭就是酸枣的城郭，所谓"坏城郭"同"河水溢酸枣郭"极为相似。所以，《吕氏春秋》和《战国策》中所说的"城郭"，可能并不是指大梁城，而指的是酸枣郭。否则惠施为什么要"驾而见太子"呢？

  如果仅依据以上分析认为梁惠王卒于公元前310年尚嫌证据不足，此说还可以从其他史籍中援引旁证。《史记·秦本纪》记有："武王元年，与魏惠王会临晋。"史学界公认，秦武王元年正好是公元前310年。唐代张守节在这条材料下注："魏惠王卒已二十五年矣"（《史记·秦本纪·正义》），他显然是受了"魏惠王在位三十六年说"的影响，这恰恰从反面说明了《秦本纪》的记载不便轻易否定。至于《史记·六国年表》在记此事时，把魏惠王写成魏哀王，就更不对了。因为依《世本》魏国根本"无哀王一世"（陈梦家：《六国纪年》，上海人民出版社1956年版，第61页）。《史记·田敬仲完世家》记载："宣王七年，与魏王会平阿南。明年，复会甄。魏惠王卒。"《史记·孟尝君列传》也记有："宣王七年，田婴使于韩、魏，韩、魏服于齐。婴与韩昭侯、魏惠王会齐宣王东阿南，盟而去。明年，复与梁惠王会甄。是岁，梁惠王卒。"因为司马迁在《史记·六国年表》中把齐宣王的年世也搞错了，所以这两条材料一直未被重视，这个问题现已得到了解决，本文可以直接引用前人研究的成果。陈梦家《六国纪年》考证齐宣王八年为公元前311年，万国鼎《中国历史纪年表》亦同此说。这里面还内含着一个小问题，即为什么《田敬仲完世家》和《孟尝君列传》关于梁惠王卒年的记载比《秦本纪》的记载早一年？其实这也不难解释，本文前已论及，秦国用颛顼历以夏历十月为岁首，而战国时齐国使用的历法是周正，以夏历十一月为岁首。因此，以上几条史料之间不但不矛盾，反而正好说明梁惠王是卒于公元前310年的十月，同《水经注》引《竹书纪年》的记载不谋而合。

关于梁惠王的年世，还有一点需要考辨，《史记·魏世家》、《史记·六国年表》并称罃生于魏文侯二十五年，如果按《竹书纪年》魏文侯在位50年、魏武侯在位26年计算，魏惠王罃继位时年已50多岁，至公元前310年，岂不110多岁了吗？其实这个怀疑是根本不能成立的，因为《魏世家》与《六国年表》的上述记载均误，魏文侯二十五年出生的实际上是魏武侯击，而不是罃。钱穆先生《先秦诸子系年考辨》（见该书"魏文侯二十五年乃子击生非子罃生……"节）对此已有详尽辨析，可参看。

司马迁作《史记》所依据的《秦纪》是未毁于秦火的战国原始史料，虽然到刘向时《秦纪》已佚散，但其主要内容在《史记·秦本纪》等篇中保存了下来，因此《史记》中关于秦国的记述比其他诸侯国更为可信，《秦本纪》较之其他诸侯国的"世家"具有更高的史料价值。另外，司马迁往往将年代记错而记事不错，所以魏惠王曾与秦武王相会的记载应该得到肯定。

《孟子》书中有"梁惠王章句"节，对孟子有关问题的研究也有助于梁惠王年世的讨论。清人雷学琪在《介庵经说》卷九"疑孟"节中写道："读《孟子》七篇，有三大疑，《孟子》谓先至梁，后至齐；《史记·列传》谓先齐后梁……"这个问题很有意思，赵岐《孟子注》、应劭《风俗通·穷通》等都认为孟子先到齐国，而司马光《资治通鉴》、梁玉绳《史记志疑》、罗根泽《孟子传论》等则认为孟子先到魏国。持后一种观点论者的主要论据就是梁惠王的年世问题，他们认为："惠王卒，襄王立，始为齐宣王元年。无由先见齐宣王也。"（罗根泽：《孟子传论》，商务印书馆1933年版，第61页）但是如果以梁惠王卒于公元前310年来考察，问题就迎刃而解了。

《史记·孟子荀卿列传》载："驺子重于齐。适梁，惠王郊迎，执宾主之礼。适赵，平原君侧行撇席。如燕，昭王拥彗先驱……"崔适的《史记探原》举出三个证据否认驺衍曾在梁惠王时到过魏国，他认为："案梁惠王世次，与驺衍不相当。孟子适梁之次年，惠王即薨，则此传上云，驺衍后孟子，不当与惠王同时，一也。惠王亦不与平原君燕昭王同时，二也。《平原君传》，公孙龙说平原君，不可以信陵君之存邯郸而请封，平原君厚待公孙龙，及驺衍过赵，乃绌公孙龙。案信陵君存邯郸，事在赵孝成王九年，使驺衍过赵即在是年，去梁惠王薨七十八年，不及相见，三也。"马培棠先生在《大梁学术》（《禹贡》半月刊第二卷六期，1934年11月版）一文中对上述三点分别作了辩驳，前两点辨析完全令人信服，而第三点辨析则尚显得不够有力。我们如果把梁惠王的卒年放在公元前310年考虑，问题也同样能得到解决。

《竹书纪年》是魏国人写成的史书，其成书又早于《史记》，前人以《竹书纪年》校正《史记》魏国纪年之误，取得了很大成绩。但是过分地迷信《竹书纪年》也是不正确的，对于《竹书纪年》、

《史记》或者其他古籍中的记述，都应作具体分析后再决定是否采用。用《竹书纪年》否定《史记》之说，以梁惠王的年世问题为例，似应遵循以下原则，如果能证实在魏惠王即位三十六年以后，仍有他活动的记载，那就可以否定《史记》的"魏惠王在位三十六年说"，同样，如果能证明在公元前318年（或前319年）之后，确实没有任何梁惠王的活动，那么《竹书纪年》之说才应该得到最后的承认。否则，就应提出质疑，继续加以探究，直到把问题彻底搞清楚。

《尉缭子》 校勘记

天官第一

1. 吾闻黄帝有《刑德》：底本作"黄帝刑德"，《群书治要》本（以下简称《治要》本）"黄帝"前有"吾闻"两字，《太平御览》卷301引文（以下简称《御览》引文）亦同。又《孙子·计》篇"天者，阴阳、寒暑、时制也"句下杜牧注引《尉缭子》（以下简称《孙子》杜牧注）"帝"下有"有"字，与《治要》本合，据以增。

2. 其有之乎：底本"有"前无"其"字，据《治要》本以增。

3. 不然，黄帝所谓"刑德"者：底本无此九字，《治要》本、《御览》引文及《孙子》杜牧注均有，据以补。

4. 以刑伐之，以德守之：底本和《孙子》杜牧注均作"刑以伐之，德以守之"，据《治要》本以改。

5. 非世之所谓《刑德》也。世之所谓《刑德》者，天官、时日、阴阳、向背者也：底本作"非谓天官时日阴阳向背也"，残缺严重。《孙子》杜牧注作"非世之所谓《刑德》也"，与《治要》本合，据《治要》本以补正。

6. 何以言之：底本作"何者"，《治要》本、《御览》引文均作"何以言之"，据以改。

7. 今有城于此：底本"城"下无"于此"两字，《治要》本有，据以增。

8. 从其东西攻之不能取，从其南北攻之不能取：底本前后两句中均无"从其"和"之"字，《治要》本有，据以增。

9. 此四者岂不得顺时乘利者哉：底本此句作"四方岂无顺时乘之者邪"，语义不明确，今据《治要》本以校正。

10. 然不能取者何：底本"者"下无"何"字，据《治要》本以增。

11. 兵战具备：底本"兵"下作"器"字，《治要》本作"战"字，据以改。又底本、《治要》本均作"备具"，惟《渊鉴类函》卷214引文作"具备"，于义为长，据以改。

12. 谋而守之也：底本此句作"豪士一谋者也"，有失原义，今据《治要》本以改。又底本此句前有"财谷多积"四字，疑为衍文，《治要》本无，据以删。

13. 若乃城下：底本"若"下无"乃"字，《治要》本有，据以增。

14. 可取也：底本此句作"则取之矣"，今据《治要》本以改。

15. 故按《刑德》天官之陈曰：底本作"按天官曰"，残缺严重。《孙子》杜牧注作"夫《刑德》天官之陈"，与《治要》本词义接近，今据《治要》本以补正。

16. 背水陈者为绝地，向阪陈者为废军：底本前后两句中均无"者"字，《治要》本、《孙子》杜牧注有，据以增。又底本和《孙子》杜牧注"绝"下均作"纪"字，"绝纪"于史无征，盖误。《治要》本和明天启茅元仪纂《武备志》本（以下简称天启本）作"地"字，据以改。又《治要》本"阪"字作"坂"，古通。

17. 昔武王之伐纣也：底本"王"下无"之"字，"纣"下无"也"字，《治要》本有，据以补。又清任兆麟《述记》本（以下简称《述记》本）"武王"前有"昔"字，各本皆无，根据本句的具体语言环境，当从《述记》本。

18. 背清水：底本和《治要》本均作"背济水"，而《御览》引文、《孙子》杜牧注均作"背清水"，据钟兆华《尉缭子校注》考证："清水流经牧野，而济水不经过牧野。"此说盖是。今从《御览》引文和《孙子》杜牧注。

19. 向山之阪：底本作"向山阪而陈"，《御览》引文作"向山陵"，均不贴切，今据《治要》本以改。

20. 以万二千人击纣之亿有八万人，断纣头悬之白旗：底本、《孙子》杜牧注均作"以二万二千五百人击纣之亿万而灭商"，从当时双方的实际兵力分析，恐不确切。《治要》本作"以二万二千人击纣之亿有八万人，断纣头悬之白旗"，《御览》引文与此接近，唯首句"纣"下无"之"字，"悬"下作"于"字而不是"之"字。今据《治要》本补正。

21. 纣岂不得：底本作"岂纣不得"，《御览》引文作"岂不得"，今据《治要》本以改。

22. 然不得胜者何？人事不得也：底本无此十一字，《治要》本有，据以补。

23. 昔楚将军子心：底本及曾慥《类说》39卷引文（以下简称《类说》引文）均作"楚将公子心"，《御览》卷875引文作"楚将军子心"，而《御览》卷7引文则作"昔楚将军子正"，"子心"、"子正"未知孰是，今姑从"子心"。

24. 未合，初夜彗星出：底本及《类说》引文均作"时有彗星出"。而《御览》两处引此句，应有所本，今据《御览》引文以改。

25. 先稽己智者：底本作"先稽我智"，今据《治要》本以增、改。

26. 谓之天官：底本"天"下为"时"字，《治要》本、天启本均作"官"字，据以改。

27. 以是观之，人事而已矣：底本此处无"以是观之"四字，"已"下无"矣"字，今据《治要》本以补正。

兵谈第二

1. 以城称地，以地称人：底本作"称地，以城称人"，银雀山竹简本《尉缭子》（以下简称简本）作"以城称地，以地称□"，竹简整理小组认为，底本"称地"前脱去"以城"二字，又误"以地称人"，"地"字为"城"。此说盖是，应据简本以改。唯简本残字当据底本补为"人"字。

2. 三相称也：底本"称"下无"也"字，简本"称"上已残，作"……称也"，较底本多一"也"字，据以增。

3. 故退可以守固，［进可以］战胜：底本作"则内可以固守，外可以战胜"，简本"战胜"上残三个字，作"故迡可以守固，□□□战胜"，"迡"为"退"异体字，从古兵书"进"、"退"连用和上下句对应的体例判断，简本所残三字当补为"进可以"。底本误将"迡"作"内"，又臆改下句首字为"外"；"故"作"则"字，"守固"作"固守"，均应据简本以改。

4. 福生于内，胜福相应：底本此句两"福"字均作"备"字，"生"作"主"字。简本作"福产于内"。《国语·越语下》有"兵胜于外，福生于内"语，《淮南子·兵略》有"战胜于外，福生于内"语。竹简整理小组认为，底本两"备"字当为"福"之音误（二字古音相近），"主"字当为"生"之形误。"产"与"生"古通。

5. 故开之，大而不咷；关之，细而不欷：底本作"故关之，大不咷，小不恢"，疑有脱字。天启本、清湖北崇文书局本（以下简称书局本)"关"作"开",简本"咷"下有"关之"两字。竹简整理小组认为,底本误"开之"为"关之",又脱去下句"关之"。此说盖是。又简本"窕"作"咷","小"作"细","恢"作"欤",据以改。

6. 故王者:底本无,《治要》本作"王者",简本作"故王者",据以增补。

7. 民归之如流水,望之如日月,归之如父母:底本无,《治要》本作"民望之如日月,归之如父母,归之如流水",疑次序有误。简本作"民之归之如流水,望……",据以改。唯简本"民"下有"之"字,疑为衍文。

8. 故曰:明乎:底本无"故曰"两字,简本、《治要》本均有,据以补。又简本"乎"作"于"字,于义无碍。

9. 其取天下若化:底本无此句,《治要》本有,与简本合,据以补。

10. 故曰:底本无此两字,据《治要》本以补。

11. 国贫者能富之,民流者亲之,地不任者任之,四时不应者能应之:底本作"民流者亲之,地不任者任之",残缺严重。简本作"国贫者能富之……时不应者能应之",句中间缺文较多,《治要》本作"国贫者能富之,地不任者任之,四时不应者能应之",与简本合,据以补正。唯竹简整理小组认为,简本此句中间缺文在二十字左右,且据前后文义,《治要》本似脱"民流者亲之"一句,从底本补。

12. 土广而任,则国不得无富;民众而制,则国不得无治:底本"土"前有"夫"字,《治要》本"土"前有"故"字,简本无,据以删。又底本均无"不得无"三字,简本、《治要》本均有,据以增。唯简本"无"作"毋"字,古通。

13. 夫治且富之国,车不发轫,甲不出橐:底本作"富治者,民不发轫,车不暴出",疑误。《治要》本作"且富治之国,兵不发刃,甲不出暴",疑亦有残缺。简本作"夫治且富之国,车不发□,甲不出

附录 115

睪"，竹简整理小组认为，"睪"当读为"櫜"，"睪"字古有"皋"音，或作"睾"。"皋"、"櫜"通。《礼记·乐记》有："名不曰建櫜。"底本《兵教下》篇有："国车不出于闑，组甲不出于櫜，而威服天下矣。"文义与《兵谈》此句全同，可证"睪"确为"櫜"之借字，据以补正。又《淮南子·兵略》有："故得道之兵，车不发轫。"与底本互校，可补简本缺字。

14. 故兵胜于朝廷，胜于丧纪，胜于土功，胜于市井：底本"故"下多一"曰"字，"廷"下全脱。今据简本以删、补。《治要》本与简本合。唯"故"下亦有"曰"字，"纪"作"绝"字，疑误。

15. 櫜甲而胜，主胜也；陈而胜，将胜也；战［而］胜，臣胜也：底本作"不暴甲而胜者，主胜也；陈而胜者，将胜也"，《治要》本作"暴甲而胜，将胜也；战而胜，臣胜也"，均有残缺。简本作"睪甲而胜，主胜也；陈而胜，主胜也；战胜；臣□也"，当据以补正。唯简本"睪"通"櫜"，"战"下据《治要》本当补一"而"字，"臣"下当为"胜"字。又竹简整理小组和《尉缭子校注》都认为，简本"陈而胜，主胜也"句，"主"当为"将"字之误，此说盖是。从底本以正。

16. 战再胜，当一败。十万之师出，费日千金。故百战百胜，非善之善者也；不战而胜，善之善者也：底本无此段文字，简本作"战再胜，当壹败。十万之师出，费日千金，□□□□［□□］故百战百胜，不善者善……善者善者也"，残缺较多。《治要》本作"战再胜，当一败。十万之师出，费日千金。故百战百胜，非善之善者也；不战而胜，善之善者也"，据以补正。简本"非"作"不"，可通。两句"善之善者"均作"善者善者"，当据《治要》本以正。

17. 见胜则兴：底本"则"下作"与"字，疑为形近而误。刘寅《武经七书直解》本（以下简称《直解》本）、天启本、书局本等均作"兴"，据以改。

18. 不见胜而止出：底本"而止出"作"则止"，应据简本以改。

19. 故患在百里之内者：底本此句无"故"、"者"两字，简本有，据以增。

20. 患在四海内者：底本作"患在四海之内"，简本作"［□□］四海内者"，当据以改。简本"四"字前残两字，据底本及前后文义，当增补"患在"两字。

21. 战胜其国，则攻其［都；不胜其］国，不攻其都。战胜天下，［则攻其国］；不胜天下，不攻其国：底本无此段文字，今据简本以补。唯简本残缺较多，竹简整理小组据文义作了订补，今从之。

22. 故名将而无家，绝险逾垠而无主，左提鼓右摅枹而［无］生焉。故临生不为死，临死不为生。得带甲十万、［战］车千乘，兵绝险逾垠：底本无此段文字，简本作"故名将而无家，绝苦俞根而无主，左提鼓右虑袍而［□］生焉。故临生不为死，临死不为生。得带甲十万、［□］车千乘，兵绝苦俞根"，据以补。竹简整理小组认为，"绝苦"之"苦"当读为"险"，"俞根"当读为"逾垠"，"而［□］生焉"句中缺文，据文义当是"无"字，盖是。又《尉缭子校注》认为简本"虑"应释为"摅"，此说盖是。而"［□］车千乘"句中缺文无可参校，今试据前后文义补为"战"字。

23. 将之自治兆兆：底本无此句，简本此句亦已残缺，故加"……"，据以补。

24. 耳之生聪，目之生明。然使心狂者谁也？［曰］难得之货也。使耳聋者谁也？曰［□□□□］也。使目盲者谁也？曰［曼］泽好色也：底本无此段文字，简本作"耳之生悤，目之生明。然使心狂者谁也？难得之货也。使耳聋者谁也？曰……者谁也？曰［□］泽好色"，应据以补。唯简本也残夺严重，竹简整理小组认为，"曰……者谁也"似可补为"曰［□□□□］也。使目盲］者谁也"。"泽"上一字左旁残泐，右旁从"免"声，疑当读为"曼"，此说盖是，从之。又《尉缭子校注》认为，根据句式和文意，简本"难得之货也"前当有

附录　117

"曰"字，此说盖是。

25. 夫心狂、耳聋、目盲：底本作"夫心狂、目盲、耳聋"，疑倒置。天启本、《直解》本、朱墉《重刊武经七书汇解》本（以下简称《汇解》本）等均作"耳聋、目盲"，与简本前文句式一致，盖是。据以改。

26. 凡兵之所及者：底本无"凡"、"者"两字，《御览》卷270引文和《北堂书钞》卷117引文（以下简称《书钞》引文）均有，与简本合，据以增。

27. 椭亦胜：底本无，据简本以补。唯简本"椭"作"隋"，古通。

28. 兵重者如山如林，轻者如燔如炮，如漏如溃，如垣堵之压人，如云霓覆人：底本"重"前无"兵"字，《书钞》引文作"凡兵"，《御览》引文有"兵"无"凡"，与简本合，据以增。又底本"林"下有"如江如河"四字，各本皆无，删去。又底本"如燔如炮"句"燔"、"炮"倒置，且此句后脱"如漏如溃"一句，据《御览》引文以改、增。又底本末句作"如垣压之，如云覆之"，《书钞》引文作"如垣堵压人，如云鲵覆人"，与简本合，据以增。唯简本"压"作"厣"，竹简整理小组疑为异体字。又简本"压"前多一"之"字，据以增。简本、《书钞》引文"霓"均作"鲵"，古通。

29. 闭关辞交，而廷中之故［入］：底本无，简本亦残，故加"……"，据以补。唯"故"下一字竹简整理小组认为似是"入"字，今从之。

30. ［上失天时，下失］地利，中失民情。夫民饥者不得食，［寒］者不得衣，劳者不得息，故举兵而加：底本无，据简本以补。唯简本"地"前六字及"食"下一字已残，今据前后句式文意试补。又这段简文原位置未定，竹简整理小组认为可能在此位置，盖是，今从之。又"加"下残缺，故加"……"。

31. 所加兵者，令聚者不得［散，散者不得］聚；俯者不得仰，仰者不得俯；左者不［得右，右者不］得左。智士不给虑，勇士不［□□］：底本此段作"令之聚不得以散，散不得以聚；左不得以右，右不得以左"，残脱。据简本以补正。唯简本此段亦残缺严重，竹简整理小组认为，"聚"上所缺五字当为"散，散者不得"，"得左"上所缺五字当为"得右，右者不"，其说盖是。简本"智"作"知"，"勇"作"甬"，古通。"仰"作"迎"，为假借字。"俯"作"俯"，竹简整理小组认为是异体字。

32. 兵如总木：底本无"兵"字，《御览》卷348引文、《施氏七书讲义·尉缭子》（以下简称《施氏》本）、天启本、《直解》本、书局本、《汇解》本均有，据以增。

33. 民人无不腾陵张胆：底本"民"作"人"字，据简本以改。

34. 堂堂者胜成去：底本作"堂堂决而去"，据简本以增、改。唯简本"者"上作"昌于于"，"昌"字于义不清，疑衍。"于"可通"吁"，在此作叹词用，似与"堂"字文义接近。

制谈第三

1. 先登者未尝非多力国士也：底本"尝"作"常"字，误。据《施氏》本、《直解》本等以改。

2. 先死者亦未尝非多力国士也：底本无"亦"、"也"字，《施氏》本、《直解》本、天启本、书局本、《汇解》本均有，据以增。

3. 夫杀人于百步之外者谁也？曰：矢也。夫杀人于五十步之内者谁也？曰：矛戟也：底本均无"夫"字和"谁也曰"三字，《御览》引文、《书钞》引文均有，据以增。唯《书钞》引文"戟"下无"也"字，《御览》引文两句均无"于"字，据前后文义，应从底本。

4. 拖戟：底本"戟"上作"抱"字，天启本、《子书百家》本等均作"拖"，于义为长，据以改。

5. 令百人一卒：底本"百"上作"今"，《直解》本、书局本等均作"令"，当据以改。

6. 一武夫仗剑击于市：底本"武夫"作"贼"，误。《直解》本作"武"，《汇解》本、天启本等作"夫"，皆有残夺。《书钞》引文作"武夫"，当据以改。

7. 臣以为：底本作"臣谓"，据《御览》引文以改。

8. 一市万人皆不肖：底本无"一市"两字，"肖"下多一"也"字，今据《御览》引文以增、删。

9. 固不触也：底本"触"作"俸"，今据《书钞》引文以改。

10. 莫敢当其前，莫敢随其后：底本两句"莫"下均无"敢"字，天启本、《汇解》本、《子书百家》本等有，据以增。

11. 有提十万之众而天下莫敢当者，谁？曰桓公也。有提七万之众而天下莫敢当者，谁？曰吴起也。有提三万之众而天下莫敢当者，谁？曰武子也：底本"莫敢当"均作"莫当"，今据《施氏》本以增。

12. 今国被害者：底本"被"下作"患"，《施氏》本作"害"字，于义为长，今据以改。

13. 犹良骥騄駬之驶：底本"駬"作"耳"，书局本作"駬"，义同，据以改。

14. 吾用天下之用以为用，吾制天下之制以为制：底本两句均无"以"字，天启本等有，于义为长，据以增。

15. 明吾赏罚：底本"吾"下作"刑赏"，天启本、《子书百家》本等均作"赏罚"，从前后文看，于义为长，据以改。

战威第四

1. 所以三胜者：底本无"所"字，《直解》本、书局本等均有，据以增。

2. 夫将之所以战者：底本"将"下作"卒"字，疑误。据《直解》本、书局本以改。

3. 刑未加：底本"刑"下多一"如"字，辞义不通，疑衍。《直解》本、《施氏》本等均无，据以删。

4. 令所以一众心也：底本"所以"作"者"字，今据《治要》本以改。

5. 不审所出则数变：底本"不审"前多一"众"字，而下无"所出"两字，今据《治要》本以增、删。

6. 出令之法，虽有小过无更：底本"出"作"故"字，"小"前无"虽有"两字，今据《治要》本以改、增。

7. 事所以待众力也，不审所动则数变，数变则事虽起，众不安也。动事之法，虽有小过无更，小难无戚：底本无此段文字，据《治要》本以补。唯《治要》本"无"作"毋"，古通。

8. 古率民者，未有不能得其心而能得其力者也，未有不能得其力而能致其死者也。故国必有礼信亲爱之义，而后民以饥易饱；国必有孝慈廉耻之俗，而后民以死易生：底本此段作"未有不信其心而能得其力者，未有不得其力而能致其死战者也。故国必有礼亲爱之义，则可以饥易饱；国必有孝慈廉耻之俗，则可以死易生"，似有损原意。今据《治要》本以改。

9. 故古率民者：底本作"古者率民"，今据《治要》本以改。

10. 先亲爱而后律其身焉：底本无"焉"字，据《治要》本以增。唯《治要》本"律"作"讬"，辞义不清，疑误。

11. 民死其上如其亲，而后申之以制：底本无，《治要》本有，据以增。

12. 古为战者，必本气以励志，励志以使四肢，四肢以使五兵：底本此段作"故战者，必本乎率身以励众志，如心之使四支也"，有损本义，据《治要》本以补正。唯《治要》本"励"作"厉"，"肢"作"枝"，古通。

13. 故志不励：底本无"故"字，据《治要》本以增。

14. 虽众不武：底本作"则众不战"，《治要》本作"虽众不武"，于义为长，据以改。

15. 民之所以生：底本"之"下无"所以"两字，《治要》本有，据以增。

16. 死丧之礼，民之所以营也：底本作"死丧之亲，民之所营"，残字。据《治要》本以补正。

17. 田禄之实，饮食之粮，亲戚同乡，乡里相劝，死丧相救，丘墓相从，民之所以归，不可不速也。必因民之所生以制之，因其所营以显之，因其所归以固之：底本此段作"必也因民所生而制之，因民所荣而显之。田禄之实，饮食之亲，乡里相劝，死生相救，兵役相从，此民之所励也"，残夺严重，有失原义。《治要》本此段则作"必因民之所生以制之，因其所营以显之，因其所归以固之。田禄之实，饮食之粮，亲戚同乡，乡里相劝，死丧相救，丘墓相从，民之所以归，不可不速也"。《尉缭子校注》认为此段文句有错简，为明白起见，应把《治要》本此段文字进行调整，其说盖是，今从之以改。

18. 如此，故什伍如亲戚，阡陌如朋友：底本"故"作"使"，"阡陌"作"卒伯"，无"如此"两字，残误。今据《治要》本以补正。

19. 故止如堵墙：底本无"故"字，据《治要》本以增。

20. 车不结轨：底本"轨"作"辙"，据《治要》本以改。

21. 故务耕者其民不饥，务守者其地不危，务战者其城不围：底本此三句中均无"其"字，据《治要》本以增。

22. 三者先王之本务也，而兵最急矣：底本前句无"也"字，后句作"本务兵最急本者"，残误。《治要》本、《书钞》引文前句均有"也"字，后句均作"而兵最急矣"，据以增、改。

23. 故先王务尊于兵。尊于兵，其本有五：底本此段作"故先王专于兵有五焉",有损原义,据《治要》本以改。

24. 委积不多则事不行,赏禄不厚则民不劝,武士不选则士不强,备用不便则士[不]横,刑诛不必则士不畏:底本此段作"委积不多则士不行,赏禄不厚则民不劝,武士不选则众不强,备用不便则力不壮,刑赏不中则众不畏",有所残误,当据《治要》本以改。唯《治要》本"横"前无"不"字,《尉缭子校注》疑脱字,从前后文看,其说盖是,今从之。

25. 先王务此五者:底本无"先王"两字,今据《治要》本以增。

26. 故静能守其所有:底本作"静能守其所固",有失原义,据《治要》本以增、改。

27. 斗欲齐:底本"欲"前作"阙",误。据《直解》本、书局本以改。

28. 是谓上溢而下漏,故患无所救:底本作"所谓上满下漏,患无所救",疑有残误。据《治要》本以补正。

29. 举贤用能:底本"用"作"任"字,《治要》本作"用",于义为长,据以改。

30. 故曰:底本作"又曰",据《治要》本以改。

31. 人事而已矣:底本无"矣"字,此叹词似应有,据《治要》本以增。

32. 将必从己先。故暑不立盖,寒不重裘,有登降之险,将必下步。军井通而后饮,军食熟而后食:底本此段作"将不先己。暑不张盖,寒不重衣,险必下步,军井成而饮,军食熟而后饭",残误严重。今据《治要》本以补正。

33. 饥饱、劳逸、寒暑必身度之。如此,则师虽久不老,虽老不弊:底本此段作"劳佚必以身同之。如此,师虽久而不老不弊",残缺严重。今据《治要》本以补正。

34. 故军无损卒,将无惰志:底本无,今据《治要》本以补。

兵权第五

1. 兵权：底本作"攻权"，本篇并非只谈进攻，而是全面谈用兵问题，所以似应据简本以改。唯简本"权"作"劝"，竹简整理小组疑"劝"应读为"权"，盖是，今从之。

2. 兵以静固，以专胜：底本作"兵以静胜，国以专胜"，竹简整理小组认为底本"国"字为"固"之误字，属下为句，故又于"静"下妄加"胜"字。此说甚是，今据简本以改。

3. 动静如身：底本"静"作"一"字，简本作"静"字，于义为长，据以改。

4. 心疑必背：底本作"心既疑背"，疑有失本义。据简本以改。

5. 是故计决而不动：底本"是故"作"则"字，有违原义，据简本以补正。唯简本"故"下已残，竹简整理小组指出，简本"故"下一字左半似从"言"，右半残去，似为"计"字，校之以底本，其说盖是，今从之。

6. 卒无尝试，发动必蚤，亩凌而兵毋与战矣：底本此段作"卒无常试，发动必蚘，是谓疾陵之兵，无足与斗"，应据简本以改。唯简本"动"作"童"，古通。

7. 群下：底本"下"后多一"者"字，简本无，据以删。

8. ［群］下不节动：底本作"卒不节动"，简本作"……下不节动"，据以改。唯简本已残，《尉缭子校注》认为，按上文"下"前一字应为"群"字，盖是，今从之。

9. 虽胜为幸：底本作"虽胜，幸胜也"，并于此句下多"非攻权也"一句，今据简本以改、删。唯简本"虽"作"唯"字，通。

10. 威立者胜：底本作"立威者胜"，据简本以改。

11. 凡将死其道者：底本"死"作"能"字，今据简本以改。

12. 是故兵不必胜：底本无"是故"两字，"兵"作"战"字，据简本以增、改。

13. 不足以名信：底本作"不足信也"，据简本以改。

14. 信在屡兆：底本作"信在期前，事在未兆"，似有失原义，今据简本以改。

15. 是故众聚不虚散，兵出不徒归。求敌若求亡人，击敌若赴溺者。囚险者无战心，搪战无胜兵，佻战无全气：底本此段作"故众已聚不虚散，兵已出不徒归。求敌若求亡子，击敌若救溺人。分险者无战心，挑战者无全气，斗战者无胜兵"，文义相差较大，据简本以改。唯简本"敌"作"适"，"赴"作"卜"，"无"作"毋"，古皆可通。

16. 贵以不得已：底本无"贵以"两字，"不"上为"应"字，据简本以增、删。

17. 待敌贵先：底本作"待之贵后"，疑误。据简本以改。

18. 故事必当时：底本作"故争必将待之"，恐与原义有违，据简本以改。

19. 胜于丧纪，胜于土功，胜于市井：底本作"有胜于原野，有胜于市井"，残脱，据简本以补正。唯简本此句"市"下已残，据《兵谈》篇简文及本篇底本，应补为"井"字。

20. 斗则得，服则失：底本作"斗则失"，残误。据《施氏》本、《直解》本、天启本、书局本、《汇解》本以补正。

21. 战攻之日：底本脱"之"字，据天启本、书局本等以补。

22. 合鼓合角：底本脱"角"字，据《直解》本、天启本、书局本、《汇解》本以补。

23. 已周已极：底本"周"作"用"字，因形似误。据《施氏》本、《直解》本、天启本、书局本、《汇解》本以改。

守权第六

1. 进不郭圉：底本"圉"作"围"，误。据《直解》本、天启本、书局本、《汇解》本以改。

2. 劲弩韧矢：底本"韧"作"疆"，《直解》本作"强"，而简本作"仁"，通"韧"字，于义为长，据以改。

3. 尽于郭中：底本"于"作"在"字，据简本以改。

4. 毁折入此：底本作"毁折而入保"，据简本以改。

5. 令客气数十百倍，而主人气不半焉：底本"十"前无"数"字，"人"作"之"字，今据简本以增、改。唯简本"十"作"什"，古通。

6. 伤守甚者也：底本作"伤之甚也"，今据简本以改。

7. 而守者不出，出者不守。守法：城一丈，十人守，工食不与焉：底本此段作"守法：城一丈，十人守之，工食不与焉。出者不守，守者不出"，出入较大，似有错简。据简本以调整、补正。唯简本"城"下缺"一"字，疑脱，"人"前一字已残，据底本当补为"十"字。

8. 百而当千万：底本作"百而当千，千而当万"，多出三字，今据简本以删。

9. 士民众选，薪食给备，弩劲矢韧：底本作"士民备，薪食给，弩坚矢强"，似有残脱。应据简本以补正。简本"选"作"篡"，"给"作"经"，"韧"作"仁"，古皆可通。

10. 此守策也：底本"策"作"法"字，简本作"策"字，据以改。

11. 攻者不下十余万之众乃称：底本此句无"乃称"两字，简本有，据以增。

12. 其有必救之军：底本"军"下多一"者"字，简本无，据以删。

13. 无必救之军：底本作"无必救之军者"，简本作"□必救之□"，据前后句式和本句所缺字数，所残两字似分别为"无"和"军"，较底本少一"者"字，据以删。

14. 若彼城坚而救诚：底本此句脱"诚"字，据《直解》本、天启本、书局本、《汇解》本以补。

15. 则愚夫僮妇：底本"僮"作"惷"，今据简本以改。

16. 鼓其豪杰俊雄：底本作"必鼓其豪杰雄俊"，今据简本以删、改。唯简本"豪"作"藁"，"杰"作"桀"，古通。

17. 劲弩韧矢：底本"韧"作"强"，据简本以改。

18. 则幼幺毁瘠并于后：底本作"分历毁瘠者并于后"，误，据简本以补正。简本"幼"下一字已残，据《施氏》本、《直解》本、天启本、书局本、《汇解》本补为"幺"字。

19. 五万之［众口］诚必救，关之其后，出要塞：底本作"十万之军顿于城下，救必开之，守必出之，据出要塞"，有失原义，应据简本以补正。唯简本亦有残缺，除"诚"上一字无可参校外，"之"下一字据前文似可补为"众"字。

20. 但击其后，无通其粮食：底本作"但救其后，无绝其粮道"，有失原义，应据简本以改。简本"无"作"毋"，"粮"作"量"，古通。

十二陵第七

1. 无困在于豫备：底本"困"作"因"字，疑误。据《施氏》本、《直解》本、天启本、书局本、《汇解》本以改。

武议第八

1. 所以给战守也：底本"给"作"外"字，疑误。据《施氏》本、《直解》本、天启本、书局本以改。

2. 赏一人而万人喜者，赏之：底本两"赏"字均作"杀"字，据《尉缭子注释》、《尉缭子注译》和《尉缭子校注》考证，应据文意改为"赏"字，三书同举《六韬·龙韬·将威》"赏一人而万人说者，赏之"

句为证，盖是，今从之以改。

3. 无冲笼而攻：底本作"无蒙冲而攻"，疑误，据简本以补正。

4. 马食菽三斗：底本"菽"作"粟"字，疑误。据《直解》本、《汇解》本、书局本以改。

5. 市有所出：底本此句脱"有"字，据《施氏》本、《直解》本、书局本以补。

6. 起兵直使甲胄生虮虱者：底本无"虱"字，据《施氏》本、《直解》本、天启本、书局本以补。

7. 非出生也：底本脱"也"字，据《施氏》本、《直解》本、天启本以补。

8. 人人谓之狂夫也：底本"谓之"作"之谓"，据《施氏》本、《直解》本、天启本、书局本以正。

9. 而克商诛纣：底本脱"克"字，据《施氏》本、《直解》本、天启本、书局本、《汇解》本以补。

10. 占咸池：底本作"占城池"，疑误。据《施氏》本、《直解》本、书局本、《汇解》本以改。

11. 无异故也：底本脱"故"字，《书钞》引文有"故"字，据以增。

12. 吴起与秦人战：底本脱"人"字，《御览》卷七〇二引文有，据以补。

13. 援枹而鼓：底本"枹"作"抱"，误。据《直解》本、书局本以改。

14. 夫提鼓挥枹：底本无此句，据《书钞》引文、《御览》引文以补。

15. 有一夫不胜其勇：底本脱"有"字，据《孙子》杜牧注引文以增。

16. 军吏进谏曰：底本此句无"进"字，据《孙子》杜牧注引文以增。

将理第九

1. 夫能无私于一人：底本"私"作"移"字，疑误。据《直解》本、书局本、《汇解》本等以改。

2. 弗及：底本作"弗追也"，据简本以改。

3. 罢囚之情：底本作"故善审囚之情"，似失原义。据简本以改。唯简本"情"作"请"，古通。

4. 不待陈箠楚，而囚之情可毕：底本"待"下缺"陈"字，"毕"下多一"矣"字，据简本以增、删。唯简本"待"作"侍"，"情"作"请"，古通。另，"箠"作"水"，竹简整理小组认为是音误，盖是。

5. 其待拑人之背：底本无"其待"两字，"拑"作"答"，据简本以补正。唯简本"待"作"侍"，"拑"作"佰"，"背"作"北"，古皆可通。

6. 以得囚情：底本作"而讯囚之情"，据简本以改。

7. 则国士胜［诬］，不肖自［诬］：底本作"虽国士有不胜其酷而自诬矣"，似有失本义。简本作"则国士胜［□］，不肖自［□］"，据以改。竹简整理小组考证，简本"胜"下一字左从"言"，右旁不识。"自"下一字左旁残去，右旁从"工"，有可能是"诬"字的误写。参考此说及前后文意，这两个残字似都可补为"诬"字。

8. 故今世千金不死，百金不胥靡：底本作"今世谚云：千金不死，百金不刑"，今据简本以改。

9. 虽有尧舜之智，不得关一言；虽有万金，不得用一铢：底本两个"得"字均作"能"，据简本以改。简本"智"作"知"，"铢"作"朱"，古通。

10. 今夫系者：底本"系者"作"决狱"，有失原义。据简本以改。简本"系"作"擊"，古通。

11. 故一人［联十人之事］：底本无此句，据简本以补。简本"故一人"下已残，《尉缭子校注》认为，此句似当作"故一人联十人之事"，此说盖是，今从之。

12. 今夫系者，大者父［母］兄弟有在狱：底本此句作"所联之者，亲戚兄弟也"，据简本以改。简本"父"下似脱一字，据文意似应补为"母"字。

13. 是农无不离其田业，贾无不离其肆宅，士大夫无不离其官府：底本此三句均无"其"字，简本有，据以增。另《武议》篇亦有"农不离其田业，贾不离其肆宅，士大夫不离其官府"句，可以参校。

14. 故兵策曰：底本作"兵法曰"，据简本以补正。

15. 今申戍十万之众：底本作"今良民十万"，有失原义。据简本以改。

16. 而联于图圄：底本"图"作"囚"字，疑误，据《施氏》本、《直解》本、书局本、《汇解》本以改。

原官第十

1. 会移民之具也：底本"移"作"计"字，据简本以改。

2. 均地分：底本作"均井地"，据简本以改。

3. 臣主之根也：底本"根"作"权"字，疑形近而误，据简本以改。唯简本"主"下无"之"字，疑脱，据底本以补。

4. 刑赏明省，畏诛重奸：底本作"明赏赉，严诛责"，似违本义，据简本以改。

5. 游说间谍无自入：底本"间"作"开"字，误。据《施氏》本、《直解》本、书局本以改。

6. 君臣继世：底本"臣"作"民"字，疑误。据《施氏》本、书局本、《子书百家》本等以改。

7. 更号易常：底本"号"作"造"字，据《直解》本、《汇解》

本等以改。

8. 成王至正也：底本作"何王之至"，有失原义，据简本以改。

9. 服奉下达，成王至德也：底本作"明举上达，在王垂听也"，误。据简本以补正。唯简本"达"作"迥"字，竹简整理小组认为此二字同义。

治本第十一

1. 女练于布帛：底本此句脱"于"字，据《施氏》本、《直解》本、书局本以补。

2. 今裋褐不蔽形：底本"裋"作"短"字，据书局本以改。

3. 而奈何饥寒：底本"饥寒"作"寒饥"，书局本、《二十五子汇函·尉缭子》本（以下简称《二十五子》本）等均作"饥寒"，于义为长，据以改。

4. 则欲心兴：底本"兴"作"与"字，误。据《子书百家》本、书局本以改。

战权第十二

1. 敌不力支：底本"支"作"交"，据《子书百家》本、《二十五子》本等以改。

2. 战权在乎道之所极：底本"权"作"楹"字，疑误。据《直解》本、书局本、《汇解》本以改。

3. 恐者不可守：底本作"恐者不守可"，疑误。据《施氏》本、《直解》本以改。

4. 夺敌而无前则加之：底本"前"作"败"字，《直解》本、《汇解》本等作"前"字，于义为长，据以改。

5. 破矣：底本作"被矣"，疑误。据《施氏》本、《直解》本、书局本、《汇解》本以改。

6. 高之以廊庙之论：底本此句"论"作"谕"字，误。据《直解》本、书局本、《汇解》本以改。

重刑令第十三

1. 自百人以上：底本此句"以"作"已"字，《武经七书注译·尉缭子》认为，"已"与"以"通，今据以改。

分塞令第十五

1. 皆有分地：底本作"皆有地分"，疑误。据《子书百家》本、书局本、《汇解》本、《二十五子》本等以改。

2. 采薪刍牧者：底本"刍"作"之"字，据《施氏》本、《直解》本、书局本、《汇解》本以改。

经卒令第十七

1. 见非而不诘：底本"诘"作"诰"字，疑误。据《施氏》本、《直解》本、书局本、《汇解》本以改。

2. 后行退为辱众：底本此句"退"作"进"字，疑误。据《直解》本、书局本、《汇解》本以改。

勒卒令第十八

1. 错斜亦胜：底本"斜"作"邪"字，据《直解》本、书局本以改。

2. 夫蚤决先定：底本"定"作"敌"，《直解》本、书局本、《汇解》本作"定"，于义为长，据以改。

兵教上第二十一

1. 合之大将：底本作"合之太将"，据《施氏》本、《直解》本等以改。

兵教下第二十二

1. 上乖下离：底本"乖"下多一"者"字，今据《直解》本、《二十五子》本、《汇解》本以删。

兵令上第二十三

1. 战者，逆德也；争者，事之末也：底本此句作"争者逆德也，事必有本"，残误严重，有失本义。简本作"逆德，争者事之□"，亦有残夺。《治要》本作"战者逆德也，争者事之末也"，可补简本之缺，据以增、改。

2. 王者伐暴乱而定仁义也：底本作"故王者伐暴乱本仁义焉"，有失原义。简本作"□□□暴□□定仁义也"，《治要》本作"王者所以伐暴乱而定仁义也"，与简本合，据以补正。唯《治要》本多出"所以"两字，疑为衍文，删去。

3. 战国所以立威侵敌，弱国之所不能废也：底本此句作"战国则以立威、抗敌、相图而不能废兵也"，恐有失本义。据简本以补正。简本"敌"作"通"，"废"作"发"，据《治要》本以改。

4. 以武为栋，以文为［植］：底本作"以武为植，以文为种"，疑失原义。简本作"以武为栋，以文为［□］"，竹简整理小组认为，"栋"、"种"二字形音并近，疑底本"种"为"栋"之误字。简本"以文为"下一字仅残存左半"木"旁，疑即"植"字，传本"栋"、"植"二字之位置互易。其说盖是，今从之以补。

5. 以武为表，以文为里：底本作"武为表，文为里"，脱两"以"字。《治要》本作"以武为表，以文为里"，与简本合，据以增。

6. 以武为外，以文为内：底本此句残缺，《治要》本有，与简本合,据以补。

7. 能审此三者:底本"三"作"二",误。简本作"三"字,据以改。

8. 则知所以胜败矣:底本作"知胜败矣",有所残夺。据简本以补正。

9. 武者所以凌敌分死生也,文者所以视利害观安危;武者所以犯敌也,文者所以守也:底本此段作"文所以视利害辨安危,武所以犯强敌力攻守也",残误严重。《治要》本作"武者所以凌敌分死生也,文者所以视利害观安危;武者所以犯敌也,文者所以守之也",与简本合,据以补正。简本"守"字下无"之"字,据以删。

10. 兵之用文武也,如响之应声,如影之随身也:底本无此段文字,简本有,据以补。简本"响"作"绑"、"如影"作"而□",据《治要》本以改。

11. 兵以专一胜,以离散败:底本作"专一则胜,离散则败",据简本以补正。

12. 陈以密必固,以疏则达:底本作"陈以密则固,锋以疏则达",据简本以改。唯简本"疏"下两字已残,据底本补为"则达"。又简本"陈"作"战",古通;"密"作"数",竹简整理小组认为"数"、"密"义同,今从之。

13. 将有威则生,失威则死,有威则胜,无威则败。卒有将则斗,无将则北,有将则死,无将则辱。威者,赏罚之谓也:底本无此段文字,《治要》本有,与简本合,据以补。唯《治要》本"失"作"无",据简本以改。

14. 卒畏将于敌者,战胜;卒畏敌于将者,战北:底本作"卒畏将甚于敌者胜,卒畏敌甚于将者败",据简本以增、删。

15. 未战所以知胜败,固称将于敌也,敌之与将犹权衡也:底本此段作"所以知胜败者,称将于敌也。敌与将犹权衡焉",据简本以补正。唯简本"固称将"下一字已残，据《治要》本、底本补为"于"字；"称将于敌"下无"也"字，此字有无于义无碍，今据《治要》本、底本保留。又简本"犹"作"獣"，古通。

16. 兵以安静治，以暴疾乱：底本作"安静则治，暴疾则乱"，据简本以补正。

17. 固有恒令。行伍之疏数，固有恒法：底本作"有常令，行伍疏数有常法"，据简本以补正。

18. 恒令，非追北袭邑。先后不次则失也，前失后斩：底本此段作"常令者，非追北袭邑攸用也，前后不次则失也，乱先后斩之"，据简本以补正。唯简本"袭"作"衲"，竹简整理小组认为，"衲"从"内"声，"内"、"入"二字古通，"入"与"袭"古音相近，因此"衲"字当读为"袭"，其说盖是，今从之。

19. 兵之恒陈，有向敌者，有内向者，有立陈者，有坐陈［者］：底本此段作"常陈皆向敌，有内向，有外向；有立陈，有坐陈"，据简本以补正。简本"有坐陈"下一字已残，据前后句式似应补为"者"字。

20. 向敌所以备外也，内向所以顾中也：底本此句作"夫内向所以顾中也，外向所以备外也"，《尉缭子校注》认为此承上句错而有误。据简本前后文义疑当为"向敌所以备外也，内向所以顾中也"。其说盖是，今从之。

21. 将与卒，非有父子之亲、血肤之属、六亲之私也：底本无此段文字，简本有，据以补。唯简本"血"下一字已残，据《治要》本补为"肤"字；又简本"属"作"树"字，竹简整理小组认为，"树"、"属"古音相近，简文为借字。

22. 前虽有千仞之溪、折脊之渊，然而见敌走之如归，见入汤火如蹈者，前见全明之赏，后则见必死之刑：底本无此段文字，《治要》本作"然而见敌走之如归，前虽有千仞之溪、不测之渊，见入汤火如蹈者，前见全明之赏，后见必死之刑也"，与简本合，应据以补。唯简本"不测"作"折脊"、"后"下多一"则"字、"刑"下无"也"字，据以改、增、删。又从此段前后的文义看，似有错简，疑承上句而误，似应调整为"前虽有千仞之溪、折脊之渊，然而见敌走之如归，见入汤火如蹈者，前见全明之赏，后则见必死之刑"。

23. 将前不能明其[赏，后不能严其刑]，则败军、死将、擒卒也：底本无此段文字，简本作"将前不能明其[□□□□□]其严，则败军、死将、禽卒也"，据以补。简本"擒"作"禽"，古通。又"其"下残缺五字，竹简整理小组认为，据上文此句似可补为"将前不能明其[赏，后不能□]其严"，《尉缭子校注》则认为，"严"字错置，此句似当为"将前不能明其[赏，后不能严]其刑"，此说盖是，今从之以改。

24. 将之能制士卒，其在军营之内，行陈之间：底本无此段文字，《治要》本有，据以补。

25. 严刑罚，明庆赏：底本无，简本有，据以补。简本"罚"下两字已残，据《治要》本可补为"明庆"两字。

26. 全功发之得：底本无，简本有，据以补。

27. 陈斧钺，饰章旗：底本作"陈之斧钺，饰之旗章"，《治要》本作"陈斧钺，饰章旗"，与简本合，据以删、正。

28. 及至两敌之相距，行陈薄近，将提枹而鼓之：底本无此段文字，《治要》本有，与简本合，据以补。《治要》本"之相距"作"相至"，据简本以改。

29. 存亡生死，存枹之端矣：底本作"存亡死生，在枹之端"，据《治要》本以补正。

30. 不能御大鼓之后矣：底本作"莫能御此矣"，有失原义，据简本以补正。

31. 出卒陈兵，行陈视敌，章旗相望：底本无此十二字，简本有，据以补。唯简本"陈"作"伸"，古通。

32. 矢弩未合，兵刃未接，先譟者虚，后譟谓之实，不譟谓之秘：底本作"矢射未交，长刃未接，前谍者谓之虚，后谍者谓之实，不谍者谓之秘"，据简本以改。唯简本"谓"作"胃"，古通。又简本"秘"作"闭"，竹简整理小组认为，两字音义皆近。

33. 虚、实、秘者，兵之体也：底本此句脱"秘"字，《施氏》本、天启本、书局本、《汇解》本等均有，与简本合，据以增。

兵令下第二十四

1. 诸县去军百里者，皆为守御之备，如居边之一城也。有令起军，将吏受鼓旗、戈甲：底本作"诸去大军为前御之备者，边县列候，各相去三五里，闻大军为前御之备，战则皆禁行，所以安内也。内卒出戍，令将吏授旗鼓、戈甲"，疑失本义。据简本以改。简本"城"下、"旗"下均似有缺文，竹简整理小组认为，"城"字所在的1114号简可能应与下面的1115号简拼合，"如居边之一城也"当连为一句读。此说盖是，今从之；"旗"下缺文据底本似可补"戈甲"两字。

2. 后其将吏出于县部界者：底本作"后将吏及出县封界者"，据简本以改。唯简本"界"下一字已残，据底本应补为"者"字。

3. 遂亡不从其将吏：底本作"逐亡不候代者"，据简本以补正。唯简本"遂"作"述"，竹简整理小组认为，"述"、"遂"古音相近，简文借"述"为"遂"，其说盖是。

4. 卒后将吏至大将之所一日：底本作"卒后将吏而至大将所一日"，今据简本以改。唯简本"卒"字已残，据底本以补。

5. 战而失其将吏，及将吏战而死，卒独北而还，其法当尽斩之：底本作"诸战而亡其将吏者，及将吏弃卒独北者，尽斩之"，似有失原义，据简本以改。唯简本"还"作"环"，古通。

6. 将吏将其卒北，斩其将而夺其卒者，赏：底本作"前吏弃其卒而北,后吏能斩之而夺其卒者,赏",疑失原义。简本作"将吏将其卒北,斩其将……"据以改。唯简本已残,《尉缭子校注》认为,"斩其将"下应据底本补"而夺其卒者赏"几字,其说盖是,今从之。

7. 军大战:底本"军"上多一"三"字,疑衍。据简本以删。

8. 大将死,从吏五百以上不能死敌者,皆当斩:底本作"若大将死而从吏五百人已上不能死敌者斩",据简本以改。唯简本"大将死"下残两字,据底本补为"从吏"两字。

9. 及大将左右近卒在陈中者,皆当斩:底本作"大将左右近卒在陈中者皆斩",据简本以补正。唯简本"在"下残两字,据底本补为"陈中"两字。

10. 余士卒有军功者夺一功:底本"功"作"级",简本作"功",据以改。

11. 其无军功者戍三岁:底本此句无"其"字,据简本以增。

12. [其无]军功者戍三岁,得其尸,罪赦:底本作"得其尸,罪皆赦",残缺严重。简本作"……军功者戍三岁,得其死,罪赦",据以补正。唯简本"尸"作"死",古通。又简本"军"上已残,据前后文义似可补"其无"两字。

13. 卒逃归及……军之伤[□]也,国之大费也,而将不能禁止,此内自弱之道也:底本无此段文字,据简本以补。唯简本"伤"字下一字已残;"及"字下也残缺若干字,无从参校,故加"……"。

14. 名在军而实居于家,[军]不得其实,家不得其名:底本此句作"今名在官而实在家,官不得其实,家不得其名",疑失本义。据简本以补正。唯简本"居于家"下似残一字,据前文文义,似可补一"军"字。

15. 同舍伍人及吏以其粮为饶,而身食于家:底本作"同舍伍人及吏罚入粮为饶,名为军实",有失原义。据简本以补正。

16. 国内空虚尽竭,而外为岁,曷内北之数也:底本作"国内空虚，自竭民岁，曷以免奔北之祸乎"，疑失本义。据简本以补正。唯简本"竭"作"渴"字，似为借字。

17. 能止逃归：底本作"今以法止逃归"，据简本以删、改。

18. 使什伍相联也：底本"什"上无"使"，"联"下无"也"，简本有，据以增。

19. 古之善用兵者：底本"古"上多"臣闻"两字，《御览》卷296引文、《书钞》卷118引文均无，据以删。

20. 能杀士卒之半：底本脱"士"字，《施氏》本、《直解》本、天启本、《汇解》本等均有"士"字，据以增。

21. 威立海内：底本"立"作"加"，今据《御览》卷96引文、《书钞》引文以改。

22. 能杀其十三者：底本作"杀十三者"，有所残缺。据简本以补正。唯简本"十三"作"少半"。两词同义，据前文句式，仍从底本。

23. 能杀其十一者：底本作"杀十一者"，据简本以补正。

24. 臣闻：底本作"故曰"，据简本以改。

25. 百万之众而不战，不如万人之尸；万人而不死，不如百人之鬼：底本此段作"百万之众不用命，不如万人之斗也；万人之斗，不如百人之奋也"，据简本以改。

26. 赏明如日月，信比四时；令严如斧钺，利如干将：底本作"赏如日月，信如四时；令如斧钺，制如干将"，疑有残误。据简本以补正。唯简本"将"作"浆"，古通。又简本"信"字上五字已残，据《御览》卷296引文可补为"赏明如日月"。

27. 而士卒有不死用者，未尝之闻也：底本作"士卒不用命者，未之有也"，据简本以改。唯简本"之"下已残，据《御览》卷296引文、《书钞》卷113引文、天启本可补"闻也"两字。

吴子

前　言

《吴子》是著名的《武经七书》之一，人们在谈到古代兵法时，经常把它与《孙子》连在一起，"孙吴"并称。但是，同《孙子》研究取得的丰硕成果比较，对于《吴子》的研究却相对冷落，而且也存在着一些疑问，需要加以考辨。

一、吴起述作兵法及其与《吴子》的关系

战国时代，东周王室进一步衰微，各诸侯国之间的争霸兼并战争愈演愈烈，不断加剧，这个时期的战争与春秋时期的战争的显著区别是，不仅战争规模大、投入的兵力多，而且持续的时间也长。在这种社会大动荡、大变革的时代，"雄杰之士，因势辅时，作为权诈，以相倾覆"（《汉书·刑法志》）。一些有识之士为了适应这种斗争的需要，开始注重"垂著篇籍"（《汉书·刑法志》），着重研讨"擒敌立胜"的军事理论。吴起就是在这样一个新旧社会交替、兵革不休的时代涌现出来的杰出军事家。

吴起身经百战，打过许多胜仗，早在青年时代，他在鲁国为将，就曾击败过强大的齐国，因创造了以少胜多、以弱胜强的战绩而崭露头角。后来吴起到了魏国，公元前409年，为魏文侯将，"击秦，拔

五城"(《史记·孙子吴起列传》),使魏国西线边界得到了扩张,并在新开辟的疆土上建立了西河郡。在公元前408年至公元前406年的三年中,吴起又参加了魏文侯灭中山国的战争。此后,吴起因"善用兵,廉平,尽得士兵心"(《史记·孙子吴起列传》),被魏文侯任命为西河郡守。在他任西河郡守的23年间,军事经验更为丰富,军事思想渐趋成熟,打过许多漂亮仗。据记载,吴起"与诸侯大战七十六,全胜六十四,余则钧解"(《吴子·图国第一》)。因此,使魏国"辟土四面,拓地千里"(《吴子·图国第一》)。而且令"秦兵不敢东乡(向),韩、赵宾从"(《史记·孙子吴起列传》)。魏武侯九年(前387年),魏武侯以吴起为大将伐齐,一直打到齐国的灵丘(《史记·魏世家》)。战国中期以前,魏国能够在诸侯争霸中处于首强地位,吴起是有很大贡献的。

吴起不仅在军事实践上颇多建树,而且在军事理论上也有较深的造诣。《吴子兵法》一书就是他在魏国任西河郡守期间,总结其丰富的战争经验和长期研究兵学的一系列精湛见解而写成的。但是,今本《吴子》与吴起所述作的《吴子兵法》之间究竟关系如何,却存在着诸多问题,因而在学术界产生了持续很久的关于《吴子》的真伪之争。

据《韩非子·五蠹》记载:"境内皆言兵,藏孙、吴之书者家有之。"这里"孙"指孙武,"吴"即指吴起。虽然史学界关于《韩非子》全书的成书时代及作者尚有争议,但《五蠹》篇为韩非本人所作,成书于战国晚期是大家所公认的。上述记载可以证明,战国晚期以前,《吴子兵法》已在民间广为流传了。司马迁在《史记·孙子吴起列传》中也记载说:"世俗所称师旅,皆道《孙子》十三篇,《吴起兵法》世多有,故弗论。"可见,直到司马迁生活的西汉前期,《吴子兵法》的流传仍然相当广泛。

但是,无论是韩非还是司马迁,都没有确切说明他们所见到的

《吴子兵法》有多少篇（或多少卷），最早见诸文献明确著录《吴子兵法》篇数的是东汉人班固，他在《汉书·艺文志》里记载，吴起著有（兵权谋家）兵书"四十八篇"。但可惜由于客观条件的限制及主观方面的原因，班固没有说出其依据何在，这就给后人的研究留下了难题和疑点。在《隋书·经籍志》和《新唐书·艺文志》里，将《吴子兵法》都记作"一卷"，又郑樵《通志》载录有孙镐所注一卷，均无"四十八篇"之说。因此，清代纪昀主编的《四库全书总目提要》对《汉书·艺文志》所著录的"吴起四十八篇"之说提出了怀疑，认为此说"盖亦如孙武之八十二篇，出于附益，非其本书，世不传也"。

如果纪昀等人的说法可信，即"四十八篇"《吴子兵法》不是真本，那么真本何在？宋代学者晁公武所著《郡斋读书志》著录《吴子兵法》三卷（《宋史·艺文志·兵家类》也著录有"《吴子》三卷"，并记有朱服校定的"《吴子》二卷"，但它们的篇数不详），并且记述："唐陆希声类次为之，《说国》、《料敌》、《治兵》、《论将》、《变化》、《励士》，凡六篇云。"而《四库全书》却著录《吴子兵法》为"卷一，六篇"，值得注意的是，其卷数与《隋书·经籍志》等相同，而篇数和篇目则与晁公武《郡斋读书志》等书的记述基本吻合，只有一点小小的差异，《说国》一篇被著录为《图国》，《变化》一篇则被著录为《应变》。因此，《四库全书简明目录》的作者相信它"亦真古书也"，即认为《汉书·艺文志》所著的"四十八篇"吴起兵法是伪书，而流传至今的一卷六篇《吴子》为吴起所述作兵法的部分真本，清代以来不少学者持此看法。但是，对于今本《吴子》也绝非没有异议，清代考据学家姚际恒在《古今伪书考》一书中认为："（《吴子》）今六篇，其论肤浅，自是伪托。中有屠城之语，尤为可恶。或以其有礼义等字，遂以为正大非武之比，误矣。"清人姚鼐在《惜抱轩全集·文集·读司马法六韬》中也进行了一番议论："今《吴子》仅三篇，《尉缭子》二十四篇。魏晋以后，乃以筑笛为军乐，彼吴起安得云'夜以金鼓筑为节乎?'苏明允言'起功过于孙武,而著书颇草略不逮武',不悟其书伪也。"1939年出版的张心澂《伪书通考》也赞同"今本《吴子》为伪书"的观点,他一一摘举姚际恒、姚鼐等人的评语,并且直称:"《吴子》一卷,伪。"近人黄云眉所著《古今伪书考补证》也重申了姚际恒的说法,并且认为姚鼐的上述议论"甚是"。近代学者顾实、郭沫若等人也有类似认识,顾实在《重订古今伪书考》中认为:《吴子》"今本六篇,首尾起讫一贯,结构过小"。而在《汉书·艺文志讲疏》中则指明《吴子》"今本六篇,成一首尾,辞意浅薄,必非原书"。郭沫若在《青铜时代·述吴起》中也说:"现存的《吴子》,仅有《图国》、《料敌》、《治兵》、《论将》、《应变》、《励士》,共六篇,总计不上五千字,半系吴起与魏文、武二侯之问答,非问答之辞者率冠以'吴子曰'。辞义浅屑,每于无关紧要处袭用《孙子兵法》语句……故今存《吴子》实可断言为伪。"

我们认为,就目前掌握的资料而言,完全相信今本《吴子》为吴起所著兵法的真本和完全断言其为伪书、彻底否定其价值的两种观点,都不够准确,都缺乏足够的说服力。认真研读《吴子》六篇以后,应该肯定其基本思想还是吴起的。

二、《吴子》的著录、流传和版本问题

今本《吴子》既然是在流传过程中经过了后人(如唐僖宗时代的陆希声)辑佚整理、重编而成的,就显然有可能掺进汉代、魏晋南北朝乃至隋唐时人的文辞。而且至宋代,晁公武《郡斋读书志》尚著录"三卷",今天却为"一卷",可能在流传中仍有散佚。所以说现存的《吴子》六篇大致定型于唐代或宋代,已不是真正的《吴子兵法》原本了。

那么,吴起兵法的原本是何时失传的呢?由于文献的缺乏,暂时还难以彻底弄清楚,在这里只能作一些分析蠡测。我们已知,吴起卒

于公元前381年，而《韩非子·五蠹》大致作成于前255年至前247年之间（据《史记·老子韩非列传》载，秦王政见《孤愤》、《五蠹》之书，不知为何人所作，李斯说："此韩非之所著书也。"李斯于前247年入秦，之后李、韩远在两地，即使李斯能见到韩非的书，也不会立即断定为韩非所作，可见《五蠹》篇作成不晚于前247年。另外，荀卿在前255年入楚，之后李斯、韩非两人才同学于荀卿，因此《五蠹》篇作成的时间当不早于前255年，参见陈奇猷《韩非年表》）。两者相距不过数十年，在此期间，吴起的兵书当不致严重遗失，有人托名作伪的可能性也不大，因为这很难瞒过当时人的眼睛（至于吴起的弟子记载吴起的言论和事迹而补充的某些文字另当别论）。秦始皇统一天下之后，曾在李斯等人建议下大举"焚书"，"非秦记皆烧之。非博士官所职，天下敢有藏《诗》、《书》、百家语者，悉诣守、尉杂烧之……所不去者，医药卜筮种树之书"（《史记·秦始皇本纪》）。在这场浩劫中，吴起的著作命运怎样？是否也被付之一炬了呢？史无明记。极左思潮在史学界横行时，有人认为吴起是法家的代表人物，而秦始皇又是推崇法家学派的，由此推论，吴起的兵书被保留下来应该是顺理成章的了。其实未必如此，说秦始皇不烧吴起的兵书，理由并不充分。秦始皇虽然推崇法家，采用了法家学派的一些治国理论，但秦始皇是一个极端专制主义者和实用主义者，他对于各家学派论著的禁用取舍并无一定之规，往往取决于他个人的好恶。另外，秦始皇等人对于秦国传统的文化往往予以重视，而对其他诸侯国的文化则往往盲目排斥（这方面的证据很多，如秦统一天下后，秦始皇等人就将秦国传统的小篆字体作为"书同文"的标准，下令全国推行，而对当时更为简化、进步的隶书字体则持排斥的态度）。吴起一生辗转各国，从没为秦国效力，却多次与秦军见仗，破城夺地，给秦国以莫大的打击，秦国君臣不会对他有好印象。而且吴起也并非典型的法家学者，他的兵书与儒家的某些观点有相近之处，而与法家著作有一定的区别，不见得会受到始皇赏识，不能排除被焚烧的可能性。诚然，秦始皇、李斯等人虽残暴专横，毕竟不能一手遮天，有人冒死保存一些珍贵书籍是完全可能的。从考古情况来看，已在一些西汉初期墓葬中发掘出了诸如《孙子》、《孙膑兵法》、《尉缭子》、《六韬》等同《吴子》相类似的古籍。司马迁是汉代伟大的史学家，他占有今已失传的很多材料，并且做过大量的调查采访，他著《史记》时仍有可能见过吴起的兵书真本。刘向《别录》和刘歆《七略》都已在唐以后亡佚，无法判断他们是否著录《吴子兵法》，而班固《汉书·艺文志》所说的吴起兵法"四十八篇"已被有些人认为不是真本。从司马迁生活的西汉前期到班固生活的东汉时代，中间经过了王莽末年的社会大动乱，因此有人推断，《吴子兵法》的原本大概就在那时失传了。也有人把班固所说的"四十八篇"仍视为吴起兵法真本，而认为《吴子兵法》的原本可能在战火连年的魏晋南北朝时期亡佚。在没有发现新的直接线索之前，上述意见均可聊备一说。

我们之所以认为今本《吴子》虽非吴起兵法的真本，其基本思想还是吴起的，是可以从有关古籍中找到不少线索的。

（一）《史记》中的线索。《史记·孙子吴起列传》载："起之为将，与士卒最下者同衣食，卧不设席，行不骑乘，亲裹赢粮，与士卒分劳苦。卒有病疽者，起为吮之。"这同《吴子·治兵第三》""与之安，与之危……名曰父子之兵"的说法相似。又同传载："武侯浮西河下，中流，顾而谓吴起曰：'美哉乎山河之固，此魏国之宝也！'起对曰：'在德不在险。昔三苗氏左洞庭，右彭蠡，德义不修，禹灭之。夏桀之居，左河济，右泰华，伊阙在其南，羊肠在其北，修政不仁，汤放之。殷纣之国，左孟门，右太行，常山在其北，大河经其南，修政不德，武王杀之。由此观之，在德不在险。若君不修德，舟中之人尽为敌国也。'……楚悼王素闻起贤，至则相楚。明法审令，捐不急之官，废公族疏远者，以抚养战斗之士。要在强兵……诸侯患楚之强。"吴起的这些经历和言论与《吴子·图国第一》载吴起所说"昔承桑氏之君，修德废武，以灭其国；有扈氏之君，恃众好勇，以丧其社稷。明主鉴兹，必内修文德，外治武备"，如出一辙。

（二）《吕氏春秋》和《韩非子》中的线索。《吴子·治兵第三》载："武侯问曰：'兵何以为胜？'起对曰：'以治为胜。'……'若法令不明，赏罚不信，金之不止，鼓之不进，虽有百万，何益于用。'"吴起的这段话可以从《吕氏春秋》和《韩非子》两书中同时验证。《吕氏春秋·慎小》记载："吴起治西河，欲谕其信于民，夜日置表于门之外，令于邑中曰：'明日有人偾南门之外表者，仕长大夫。'明日日晏矣，莫有偾表者。民相谓曰：'此必不信。'有一人曰：'试往偾表，不得赏而已，何伤？'往偾表，来谒吴起。吴起自见而出，仕之长大夫。夜日复立表，又令于邑中如前。邑人守门争表，表加植，不得所赏，自是之后，民信吴起之赏罚。"《韩非子·内储说上》也有类似的记述："起治西河，秦有小亭临境，不去则甚害田者，去之则不足以征甲兵。……乃倚一车辕于北门之外者，而令之曰：'有能徙此于南门之外者，赐之上田上宅。'人莫之徙也。及有徙者，还赐之如令。俄又置一石赤菽于东门之外，而令之曰：'有能徙此于西门之外者，赐之如初。'人争徙之。乃下令曰：'明日且攻亭，有能先登者，仕之国大夫，赐之上田上宅。'人争趋之。于是攻亭，一朝而拔之。"

（三）《尉缭子》中的线索。《尉缭子·制谈第三》有"有提七万之众而天下莫敢当者，谁？曰吴起也"的评价，与《吴子·应变第五》"三军服威，士卒用命，则战无强敌，攻无坚阵"的话以及《吴子·励士第六》中所描述的"'今臣以五万之众，而为一死贼，率以讨之，固难敌矣。'……兼车五百乘，骑三千匹，而破秦五十万众。……故战之日，其令不烦而威震天下"是一致的。《尉缭子·武议第八》对吴起指挥作战有三段比较生动的描述，试分别抄录如下："吴起与秦人战，舍不平陇亩，朴樕盖之，以蔽霜露。如此何也？不自高人故也。乞人之死不索尊，竭人之力不责礼。故古者甲胄之士不拜，示人无己烦也。""吴起临战，左右进剑。起曰：'将专主旗鼓尔，夫提鼓挥枹，临难决疑，挥兵指刃，此将事也。'""吴起与秦战，未合，有一夫不胜其勇，前获双首而还。吴起立斩之。军吏进谏曰：'此材士也，不可斩。'起曰：'材士则是矣，非吾令也。'斩之。"《吴子·料敌第二》记载了吴起与敌军决战前"疾风大寒，早兴寤迁，刊木济水，不惮艰难……"的情况。《吴子·论将第四》对于为将之道议论说："夫总文武者，军之将也。兼刚柔者，兵之事也。凡人论将，常观于勇。勇之于将，乃数分之一尔。""率下安众，怖敌决疑。施令而下不敢犯，所在而寇不敢敌。得之国强，去之国亡。是谓良将。"《吴子·应变第五》云："凡战之法……麾左而左，麾右而右。鼓之则进，金之则止。一吹而行，再吹而聚，不从令者诛。"这些文字与上述《尉缭子》的三段文字在内容含义上不谋而合，在行文风格上也极为相似，可资印证。

今本《尉缭子》过去也被许多人视为伪书，不敢征引。现在这部兵书经考古发现和研究，已被公认为战国时期的作品，因此它又可以被用来作为研究《吴子》的文献资料。

根据以上各条线索，我们认为今本《吴子》六篇虽然经过了后人的辑佚重编，但仍应将其作为研究吴起军事思想的主要依据。

流传至今的《吴子》版本很多，据我们所知，就有黄氏刊本、明汪刊直解本、平津馆刊丛书本、半亩园丛书本、明吴氏二十子本、明沈刊本、明王士祺刊本、兵垣四编本、复恩书室丛书本、诸子萃览本、武经七书本、武经七书直解本、武经三书汇解本、明刘寅直解成化刊本、嘉靖刊本、韬略世法本、四部丛刊本、子书百家本等。这些不同版本的《吴子》为我们校勘、研究提供了丰富的材料依据。

三、《吴子》的军事思想和理论价值

通过考辨，我们已对《吴子》有了比较客观的认识，现在亟待

对该书进行系统的整理和认真的研究，取其精华，弃其糟粕，实事求是地评价它的军事思想在我国乃至世界军事史上的地位。

今本《吴子》六篇，每篇所讨论的侧重点不同。其中，《图国第一》主要是谈治国的理论、政策，《料敌第二》主要是谈刺探敌情的方法，《治兵第三》主要是谈治军标准，《论将第四》主要是谈选择将领的标准，《应变第五》主要是谈临阵对敌时战术的运用，《励士第六》主要是谈鼓励将士的措施。综观全书，六篇在军事理论和军事思想上又是互为补充、自成一套体系的。

吴起反复向魏文侯、魏武侯父子强调，应该注意吸取历史上承桑氏、有扈氏、三苗氏、夏桀、殷纣等国灭身亡的惨痛教训，指出要做"明主"，"必内修文德，外治武备"（《吴子·图国第一》）。这是吴起政治观点和军事思想的核心内容，也是《吴子》一书的重点部分。吴起希望由明主治国，鼓吹既要重视实行仁政，又要加强武装军备，两者不可分割。这表明，吴起不仅师承了法家前辈的理论体系，并以其为主要的施政方针，同时也吸取了儒家先贤的某些治国思想，将其消化，成为自己的思想武器。所谓"内修文德"就是统治者要"必先教百姓而亲万民"，"是以圣人绥之以道，理之以义，动之以礼，抚之以仁"（《吴子·图国第一》），"安集吏民，顺俗而教"（《吴子·图国第一》），用道、义、礼、仁"四德"去教化百姓，使统治阶级的政权得到加强。所谓"外治武备"，则是要统治者"简募良材，以备不虞"（《吴子·图国第一》），像春秋时代的"强国之君"那样，将各种人才"聚为一卒"（《吴子·图国第一》），建立并训练出一支强大的军队，"军之练锐也。有此三千人，内出可以决围，外入可以屠城矣"（《吴子·图国第一》）。在当时的历史条件下，吴起能够在某种程度上认识到军队对于夺取和巩固政权的突出作用，并且比较深刻地阐述"文德"与"武备"之间相辅相成、缺一不可的关系，这是具有很大进步意义的，也是《吴子》政治军事思想的重要特点之一。

《吴子》的治军思想主张,军队的强弱"不在众寡","以治为胜"(《吴子·治兵第三》)。治理军队必须做到赏罚分明,严肃军纪,使军队"投之所往,天下莫当"(《吴子·治兵第三》),"将之所麾,莫不从移;将之所指,莫不前死"(《吴子·论将第四》),"三军服威,士卒用命,则战无强敌,攻无坚阵矣"(《吴子·应变第五》)。本文前引《尉缭子·武议第八》所载吴起于阵前立斩不服从命令的军士之事,就是上述理论的实际事例。

《吴子》还具有进步的战争观。《吴子·图国第一》指出:"凡兵之所起者有五:一曰争名,二曰争利,三曰积恶,四曰内乱,五曰因饥。其名又有五:一曰义兵,二曰强兵,三曰刚兵,四曰暴兵,五曰逆兵。"这是最早从理论上对战争的起源和战争的性质进行的探索,虽然吴起的划分还有很大的局限性,但是他能够从社会政治方面寻找战争产生的原因,在当时的历史条件下是难能可贵的。

《吴子》对于关系到战争胜负的许多因素进行了论述。吴起非常重视士卒的培训和阵法的演练,认为:"用兵之法,教戒为先。一人学战,教成十人。十人学战,教成百人。百人学战,教成千人。千人学战,教成万人。万人学战,教成三军。"(《吴子·治兵第三》)全军经过反复操练,要能熟练掌握各种阵法,做到"以近待远,以佚待劳,以饱待饥。圆而方之,坐而起之,行而止之,左而右之,前而后之,分而合之,结而解之"(《吴子·治兵第三》)。吴起还特别强调要加强战备,随时保持高度的警惕性,"夫安国家之道,先戒为宝。今君已戒,祸其远矣"(《吴子·料敌第二》)。同时,吴起还指出注意分析敌方国情军情和捕捉有利战机对于战争胜败具有重要的作用。《吴子·料敌第二》首先介绍了各国军阵的特点:"臣请论六国之俗:夫齐陈重而不坚,秦陈散而自斗,楚陈整而不久,燕陈守而不走,三晋陈治而不用。"然后分别论述了攻破这些军阵的具体战术,如:用兵分三路,先从左右两侧夹击,然后正面突袭可攻破齐阵;用"先示之以利",使士卒离开将领,然后设置伏兵乘乱擒获将领可攻破秦阵等。《吴子·料敌第二》中列举了遇到敌军时"击之勿疑"的八种情况、"避之勿疑"的六种情况和"急击勿疑"的十三种情况,指出需要根据不同情况采取不同的战术,"见可而进,知难而退"(《吴子·料敌第二》),才能"观敌之外以知其内,察其进以知其止"(《吴子·料敌第二》),使自己立于不败之地。《吴子》中多次谈到指挥者的素质、才能等对于军队的士气和战争的胜负所起的作用,指出为大将者必须善于选择战机,当机立断,千万不能在关键时刻犹豫不决,"用兵之害,犹豫最大;三军之灾,生于狐疑"(《吴子·治兵第三》)。今本《吴子》六篇中还有不少军事思想的精华,如:关于怎样选拔人才,"举有功而进飨之,无功而励之"(《吴子·励士第六》);关于怎样使君臣团结,上下一心;怎样喂养和训练马匹;怎样统一旗帜号令;怎样利用地形地势和气候环境以及经济状况、风俗民情、国家人口、武器装备;等等。这些因素在战争中发挥着重要作用与影响,都是值得继续深入研究的。

  现存的《吴子》一书虽然佚缺严重,较之《孙子》等古籍的论述,似乎不那么完整、全面,但是细读此书,可知在许多方面《吴子》都是对《孙子》的军事思想有所继承的,在某些领域则比《孙子》更为深刻、进步。在运用朴素的辩证法阐述政治与军事的关系方面,《孙子》只是比较笼统、抽象地提出了"道"的概念,"道"包括哪些内容呢?孙武只是简单地解释说:"道者,令民与上同意也。"(《孙子·计篇》)而《吴子》则具体明确地提出了道、义、礼、仁"四德"的概念,并且指出"文德"与"武备"两者之间是缺一不可的关系。《吴子》的"德"较之《孙子》的"道",在理论上是一个重大的发展。在《吴子·料敌第二》中,吴起认为:"用兵必须审敌虚实而趋其危。"即指挥作战必须在了解敌方的真实情况后,才能"以半击倍,百战不殆",有效地打击其薄弱环节,这对《孙子·谋攻篇》"知彼知己,百战不殆;不知彼而知己,一胜一负;不知彼,不知己,每战必殆"的著名命题,是一个总结性发展。《孙子》提到了在战争中使"我专而敌分",即"以众击寡",集中优势的兵力打击敌人。《吴子·论将第四》在此基础上进一步指出:"凡战之要……因形用权,则不劳而功举。"这就是说只要对敌军的情况了如指掌并且做好了一切准备,那么即使在敌众我寡的条件下也"可潜可袭",敌军"虽众可获"。由此可以看出,《吴子》的阐述更为深刻、全面,将《孙子》提出的(敌我双方兵力)"多"与"少"的辩证思想,提高到了一个新的层次。《孙子·计篇》说:"兵者,国之大事,死生之地,存亡之道,不可不察也。"《吴子》不但继承了"慎战"的思想,而且认为,经常轻率地发动战争会使国家贫弱疲惫,百姓痛苦不堪。所谓"天下战国,五胜者祸,四胜者弊,三胜者霸,二胜者王,一胜者帝。是以数胜得天下者稀,以亡者众"(《吴子·图国第一》)。

《吴子》一书不仅在许多方面继承和发展了《孙子》的军事思想,而且对后来的孙膑、尉缭等兵家学者及《孙膑兵法》、《尉缭子》等军事著作也产生了重要影响。如:《孙膑兵法·见威王》所说的"兵者不可不察。然夫乐兵者亡,而利胜者辱,兵非所乐也,而胜非所利也";《尉缭子·兵谈第二》所云"兵起非可以忿也,见胜则兴,不见胜而止出。故患在百里之内者,不起一日之师;患在千里之内,不起一月之师;患在四海内者,不起一岁之师"等,都是继承了《吴子》的"慎战"思想。

本书以《续古逸丛书》影宋本《武经七书》本为底本,参校其他版本而成。

徐 勇
2009 年 4 月 8 日

卷 上

图国第一

吴起儒服①以兵机见魏文侯②。

文侯曰:"寡人③不好军旅之事。"

起曰:"臣以见④占隐,以往察来,主君何言与心违?今君四时斩离皮革,掩⑤以朱漆,画以丹青⑥,烁⑦以犀象。冬日衣之则不温,夏日衣之则不凉。为长戟⑧二丈四尺⑨,短戟一丈二尺。革车奄户⑩,缦轮笼毂⑪,观之于目则不丽,乘之以田则不轻,不识主君安用此也?若以备进战退守,而不求能用者,譬犹伏鸡之搏狸、乳犬之犯虎,虽有斗心,随之死矣。昔承桑氏⑫之君,修德废武,以灭其国。有扈氏⑬之君,恃众好勇,以丧其社稷⑭。明主鉴兹,必内修文德,外治武备。故当敌而不进,无逮⑮于义矣;僵尸而哀之,无逮于仁矣。"

于是文侯身自布席,夫人捧觞,醮⑯吴起于庙,立为大将,守西河⑰。与诸侯大战七十六,全胜六十四,余则钧解。辟土四面,拓地千里,皆起之功也。

吴子曰："昔之图国家者，必先教百姓[18]而亲万民[19]。有四不和：不和于国，不可以出军；不和于军，不可以出陈；不和于陈，不可以进战；不和于战，不可以决胜。是以有道之主，将用其民，先和而造大事。不敢信其私谋[20]，必告于祖庙，启于元龟[21]，参之天时，吉乃后举。民知君之爱其命，惜其死，若此之至，而与之临难，则士以进死为荣，退生为辱矣。"

吴子曰："夫道[22]者，所行反本复始。义者，所以行事立功。谋者，所以违害就利。要[23]者，所以保业守成。若行不合道，举不合义，而处大居贵，患必及之。是以圣人绥之以道，理之以义，动之以礼，抚之以仁。此四德者，修之则兴，废之则衰。故成汤[24]讨桀[25]而夏民喜悦，周武[26]伐纣[27]而殷人不非。举顺天人，故能然矣。"

吴子曰："凡制国治军，必教之以礼，励之以义，使有耻也。夫人有耻，在大足以战，在小足以守矣。然战胜易，守胜难。故曰，天下战国，五胜者祸，四胜者弊，三胜者霸，二胜者王，一胜者帝。是以数胜得天下者稀，以亡者众。"

吴子曰："凡兵之所起者有五：一曰争名，二曰争利，三曰积恶，四曰内乱，五曰因饥。其名又有五：一曰义兵，二曰强兵，三曰刚兵，四曰暴兵，五曰逆兵。禁暴救乱曰义，恃众以伐曰强，因怒兴师曰刚，弃礼贪利曰暴，国乱人疲、举事动众曰逆。五者之服，各有其道，义必以礼服，强必以谦服，刚必以辞服，暴必以诈服，逆必以权服。"

武侯[28]问曰："愿闻治兵、料人[29]、固国之道。"

起对曰："古之明王，必谨君臣之礼，饰[30]上下之仪，安集吏民，顺俗而教，简募良材，以备不虞。昔齐桓[31]募士五万，以霸诸侯。晋文[32]召为前行四万，以获其志。秦缪[33]置陷陈三万，以服邻敌。故强国之君，必料其民。民有胆勇气力者，聚为一卒㉞。乐以进战效力、以显其忠勇者，聚为一卒。能逾高超远、轻足善走者，聚为一卒。王臣失位而欲见功于上者，聚为一卒。弃城去守、欲除其丑者，聚为一卒。此五者，军之练锐也。有此三千人，内出可以决围，外入可以屠城矣。"

武侯问曰："愿闻陈必定、守必固、战必胜之道。"

起对曰："立见且可，岂直闻乎！君能使贤者居上，不肖者处下，则陈已定矣。民安其田宅，亲其有司，则守已固矣。百姓皆是吾君而非邻国，则战已胜矣。"

武侯尝谋事，群臣莫能及，罢朝而有喜色。起进曰："昔楚庄王㉟尝谋事，群臣莫能及，退朝而有忧色。申公㊱问曰：'君有忧色，何也？'曰：'寡人闻之，世不绝圣，国不乏贤，能得其师者王，能得其友者霸。今寡人不才，而群臣莫及者，楚国其殆矣。'此楚庄王之所忧，而君说之，臣窃惧矣。"于是武侯有惭色。

[注释]

①儒服：儒者的衣服。②魏文侯：姬姓，名斯，战国初期魏国杰出的国君，公元前445年至前396年在位。③寡人：我国古代国君的自我谦称。④见：同"现"。⑤掩：掩盖，此为涂饰的意思。⑥丹青：红色与青色颜料，这里泛指各种颜色。⑦烁：同"铄"，熔化，此处指火烙。⑧长戟：古代用于车战的一种兵器。⑨二丈四尺：据考证，周制一尺合19.91厘米，二丈四尺约为4.78米。⑩奄：覆盖。户：同"护"。⑪缦轮笼毂：用皮革把车轮车毂都遮盖起来。⑫承桑氏：传说为神农时代的一个部落。⑬有扈氏：夏禹时代的一个部落。⑭社稷：土神和谷神，古时国家的代称。⑮逮：及，达到。⑯醮：主人向客人敬酒，客人无须回敬的意思。⑰西河：指今陕西东部，黄河西岸。⑱百姓：本意为百官族姓，古时对贵族、官吏的通称。⑲万民：即黎民、庶民。⑳私谋：个人的见解。㉑元龟：大龟，当时出兵打仗前，先用龟甲卜吉凶

㉒道：有两方面的意义，一指宇宙天地的本原和规律，二指人们在社会中所应共同遵循的原则与规范。㉓要：纲要，主要问题。㉔成汤：子姓，名履、天乙，卜辞称大乙、高祖乙，又称武汤、商汤，原为夏朝诸侯，后起兵灭夏，建立商朝。㉕桀：夏桀，夏朝末代君主。㉖周武：周武王，姬姓，名发，起兵灭商，建立西周王朝。㉗纣：商纣王，商朝末代君主。㉘武侯：指魏武侯，魏文侯之子，公元前370至公元前369年在位。㉙料人：即料民，指清查户口。㉚饰：整顿。㉛齐桓：齐桓公，春秋时齐国国君，姜姓，名小白，春秋五霸之首。㉜晋文：晋文公，晋国国君，姬姓，名重耳，春秋五霸之一。㉝秦缪：秦穆公，秦国国君，嬴姓，名任好，春秋五霸之一。㉞卒：古代军队编制的单位之一，这里泛指部队。㉟楚庄王：春秋时楚国国君，芈姓，名旅，公元前613年至前591年在位。㊱申公：即申叔时，春秋时楚国申地大夫，屈姓，名巫臣。

[译文]

吴起穿着儒生的衣服，以用兵的谋略进见魏文侯。

魏文侯说："我不喜好用兵打仗的事。"

吴起说："我从表面现象可以推测内心的想法，从过去的言行观察未来的抱负，主君您为什么要言不由衷呢？现在您一年到头派人宰杀牲畜，剥皮制革，涂上红漆，绘上各种颜色，烙上犀牛和大象的图案。冬天穿上它不暖和，夏天穿上它不凉爽。制造的长戟达二丈四尺，短戟一丈二尺。用皮革蒙住战车，车轮和车毂也包上皮革，看上去不华丽美观，乘坐打猎也不轻便。不知道主君将它干什么用？如果用来准备进攻或防守，但又不去寻求善于使用它的人，这就好比抱窝的母鸡跟野猫搏斗、吃奶的小狗触犯老虎，虽然有拼斗的决心，但很快就会死亡。从前，承桑氏部落的君主，只讲文德而废弛了武备，国家因而灭亡。有扈氏部落的君主，依仗着人多势众，恃勇好战，国家因而丧失。贤明的君主了解到这些，必须对内修好文德，对外加强武备。所以说，遭到敌军侵犯而不应战，这谈不上是义；看见被敌军杀害的尸体而哀怜，这算不上是仁。"

于是魏文侯亲自设宴席，他夫人捧酒，在祖庙里宴请吴起，任命他为大将，主持西河的防务。后来，吴起率军与各诸侯国大战76次，获得全胜64次，其余12次不分胜负。向魏国的四面开辟领土，扩充土地上千里，这都是吴起的功劳。

吴起说："从前谋求治理国家的君主，必定首先教诲百姓而且亲近万民。有四种不和谐的情况：国内意志不统一，不能出兵；军队内部不团结，不能上阵；临阵行动不一致，不能作战；战斗动作不协调，不能取得胜利。因此，贤明的君主，要使用他的民众去作战，必须先搞好团结，然后发动战争。他不敢过分相信自己计谋的正确，必须向祖庙祭告，用龟甲占卜，观察天时，如果吉利然后行动。民众都知道君主爱护他们的生命，怜惜他们死亡，做到这种无微不至的程度，再率领他们开赴战场，他们就会以前进拼命为光荣，以退却求生为耻辱了。"

吴起说："所谓'道'，是用来探求事物本原的。所谓"义"，是用来建功立业的。所谓'谋'，是用来避害趋利的。所谓'要'，是用来保全、巩固国家基业的。如果行为不符合道，举动不符合义，而又掌握大权，身居显贵，祸患就必然临头。所以，圣人用道安定天下，用义治理国家，用礼驾驭民众，用仁抚慰民众。这四种德行发扬光大，国家就振兴，废弃了国家就衰败。因此，成汤讨伐夏桀而夏朝的民众高兴，周武王讨伐殷纣而商朝的民众不反对。这是因为他们的举动顺乎天理合乎人心，所以才能这样。"

吴起说："凡是管理国家、治理军队，必须用'礼'来教育民众，用'义'来激励民众，使民众懂得羞耻。人们有了羞耻之心，力量强大就可以出战，力量弱小就可以防守。然而打败敌人容易，保持胜利成果却很困难。所以说，天下从事争战的国家，取得五战五胜的会招致灾祸，取得四战四胜的会国力疲弊，取得三战三胜的可以称霸，取得两战两胜的可以称王，取得一战而胜的可以成就帝业。所以，经过多次战争胜利得天下的少，因此而亡国的多。"

吴起说："引起战争的原因有五种：一是争名，二是争利，三是长期有冤仇，四是发生内乱，五是遭受饥荒。战争的名称又有五种：一是义兵，二是强兵，三是刚兵，四是暴兵，五是逆兵。禁除暴乱挽救危亡的叫义兵，仗着士卒众多侵犯别国的叫强兵，因为愤怨而兴兵的叫刚兵，背弃礼义贪图私利的叫暴兵，国乱民疲还发动战争的叫逆兵。对付这五种战争，各有不同的办法。义兵必须用礼折服它，强兵必须用谦让降服它，刚兵必须用言辞说服它，暴兵必须用诡诈制服它，逆兵必须用权变慑服它。"

魏武侯问道："我愿听听关于治理军队、统计人口、巩固国家的道理。"

吴起回答说："古代贤明的君主，必定严格遵守君臣间的礼仪，讲究上下之间的法度，安抚团结官吏和民众，按习俗教育他们，选择和招募有才能的人，以防备突然事变。从前，齐桓公召募勇士五万人，得以称霸诸侯。晋文公招募四万人做前锋部队，实现了他的志向。秦穆公建立冲锋陷阵的部队三万人，因而制服邻国。所以，要想使国家强盛的君主，必须普查自己的民众力量。把民众中有胆量、勇力的人，编为一队。把乐意以决战来效忠的人，编为一队。把能爬高越远、腿脚敏捷的人，编为一队。把曾因过失丢官而又想立功报效的人，编为一队。把曾经丢城失地、急于洗刷耻辱的人，编为一队。这五队，都可以成为军中的精锐。有这样的三千人，由内出击可以突破敌军的重围，从外进攻可以摧毁敌人的城池。"

魏武侯问道："我愿意听听阵势必能稳定、守备必能坚固、作战必能胜利的道理。"

吴起回答说："立即看到成效都可以，岂止只是听一听呢！主君能使有贤德的人担任重要职位，平庸的人处于低下位置，那么阵势就会稳定了。民众安居乐业，亲近敬爱他们的官吏，那么守备就会坚固了。百姓都拥护自己的君主反对邻国，那么战争就能取得胜利。"

魏武侯曾经和群臣商讨国事，大臣们的见解都不如他，退朝以后，他面带喜色。吴起进谏说："从前楚庄王曾和众臣商讨国事，群臣都不如他，他退朝以后却面带忧色。申公问道：'君王有忧虑，是为什么？'楚庄王说：'我听说，世上不会没有圣人，国内也不缺少贤能的人，能够得到他们做老师的可以称王，能够得到他们做朋友的可以称霸。如今我没有才能，然而群臣还比不上我，楚国真是危险了。'这是楚庄王所担忧的，而您却感到高兴，我暗自为您担心呀！"武侯听了，露出了羞愧的神色。

料敌第二

武侯谓吴起曰："今秦胁吾西，楚带吾南，赵冲吾北，齐临吾东，燕绝吾后，韩据吾前。六国兵四守，势甚不便，忧此奈何？"

起对曰："夫安国家之道，先戒为宝。今君已戒，祸其远矣。臣请论六国之俗：夫齐陈重而不坚，秦陈散而自斗，楚陈整而不久，燕陈守而不走，三晋①陈治而不用。"

"夫齐性刚，其国富，君臣骄奢而简于细民，其政宽而禄不均，一陈两心，前重后轻，故重而不坚。击此之道，必三分之，猎其左右，胁而从之，其陈可坏。秦性强，其地险，其政严，其赏罚信，其人不让，皆有斗心，故散而自战。击此之道，必先示之以利而引去之，士贪于得而离其将，乘乖猎散，设伏投机，其将可取。楚性弱，其地广，其政骚，其民疲，故整而不久。击此之道，袭乱其屯，先夺其气。轻进速退，弊而劳之，勿与战争，其军可败。燕性悫②，其民慎，好勇义，寡诈谋，故守而不走。

击此之道，触而迫之，陵③而远之，驰而后之，则上疑而下惧，谨我车骑必避之路，其将可虏。三晋者，中国④也，其性和，其政平，其民疲于战、习⑤于兵、轻其将、薄其禄，士无死志，故治而不用。击此之道，阻陈而压之，众来则拒之，去则追之，以倦其师。此其势也。"

"然则一军之中，必有虎贲⑥之士；力轻扛鼎⑦，足轻戎马，搴旗斩将，必有能者。若此之等，选而别之，爱而贵之，是谓军命。其有工用五兵⑧、材力健疾、志在吞敌者，必加其爵列⑨，可以决胜。厚其父母妻子，劝赏畏罚，此坚陈之士，可与持久。能审料此，可以击倍。"

武侯曰："善！"

吴子曰："凡料敌有不卜⑩而与之战者八：一曰疾风大寒，早兴寤迁⑪，刊木济水⑫，不惮⑬艰难；二曰盛夏炎热，晏兴无间，行驱饥渴，务于取远；三曰师既淹久，粮食无有，百姓怨怒，妖祥数起，上不能止；四曰军资既竭，薪刍既寡，天多阴雨，欲掠无所；五曰徒众不多，水地不利，人马疾疫，四邻不至；六曰道远日暮，士众劳惧，倦而未食，解甲而息；七曰将薄吏轻，士卒不固，三军⑭数惊，师徒无助；八曰陈而未定，舍而未毕，行阪⑮涉险，半隐半出。诸如此者，击之勿疑。"

"有不占而避之者六：一曰土地广大，人民富众；二曰上爱其下，惠施流布；三曰赏信刑察，发⑯必得时；四曰陈功居列，任贤使能；五曰师徒之众，兵甲之精；六曰四邻之助，大国之援。凡此不如敌人，避之勿疑。所谓见可而进，知难而退也。"

武侯问曰："吾欲观敌之外以知其内，察其进以知其止，以定胜负，可得闻乎？"

起对曰："敌人之来，荡荡无虑，旌旗烦乱，人马数顾⑰，一可击十，必使无措。诸侯未会，君臣未和，沟垒未成，禁令未施，三军匈匈⑱，欲前不能，欲去不敢，以半击倍，百战不殆。"

武侯问敌必可击之道。

起对曰："用兵必须审敌虚实而趋其危。敌人远来新至，行列未定可击，既食未设备可击，奔走可击，勤劳可击，未得地利可击，失时不从可击，旌旗乱动可击，涉长道后行未息可击，涉水半渡可击，险道狭路可击，陈数移动可击，将离士卒可击，心怖可击。凡若此者，选锐冲之，分兵继之，急击勿疑。"

[注释]

①三晋：由晋国分裂而成的赵、韩、魏三国。此处专指赵、韩两国。②悫：朴实、忠厚。③陵：同"凌"，侵犯，欺侮。④中国：中原地区的诸侯国。⑤习：厌恶、厌倦。⑥虎贲：古代对勇士的称呼。贲，同"奔"。⑦鼎：古代煮食物或祭祀用的金属器物。⑧五兵：古时车兵与步兵各有五种常用兵器，此处泛指各种兵器。⑨爵列：爵位俸禄的等级。⑩卜：古人烧灼龟甲，看其裂纹，以预测事情的吉凶。后引申为一般的预测方法。⑪寤迁：夜间行军。⑫刊木济水：伐树渡河。⑬惮：惧怕、顾忌。⑭三军：古时有上、中、下三军或中、左、右三军之称。⑮阪：山坡。⑯发：举动，此处指赏和罚。⑰数顾：不断地东张西望。⑱匈匈：同"汹汹"，扰攘不安。

[译文]

魏武侯对吴起说："现在秦国威胁着我国的西面，楚国围绕在我国的南面，赵国正对着我国的北面，齐国逼近我国的东面，燕国绝断着我国的后路，韩国据守在我国的前面。在六国军队的四面包围下，形势对我国极为不利，我对此十分担忧，应该怎么办呢？"

吴起回答说："保证国家安全的办法，预先戒备最为重要。现在您已经戒备起来，就可以远离战祸了。我请求谈一谈六国各个方面的情况：齐国军队的阵势，规模庞大但不坚固；秦国军队的阵势，部署分散但能各自为战；楚国军队的阵势，部署严整但不能持久作战；燕国军队的阵势，利于坚守但不善于机动作战；韩国和赵国军队的阵势,齐整划一但不实用于作战。"

"齐国人性格刚强,国家富饶,君臣骄横奢侈,轻视民众,政令松弛,俸禄不均,齐军阵中人心不齐,前阵兵力强,后阵兵力弱,所以齐阵虽然规模庞大却并不坚固。攻击这种军阵的战法,必须兵分三路,以两路侧击其左、右翼,一路乘势从正面攻击,它的阵势便可以攻破。秦国人性情强悍,国家地形险要,政令严厉,赏罚有信,士卒临战不退让,都有战斗的决心,所以秦阵虽然部署分散但都能各自为战。攻击这种军阵的战法,必须先以利引诱,使其士卒贪图得利而离开指挥他们的将领,然后乘其阵势混乱之际,攻击分散的队伍,各个击破,并设置伏兵,待机袭击,他们的将领可以擒获。楚国人性情懦弱,国家土地广阔,政令紊乱,民众疲困,所以楚阵部署严整但不能持久作战。攻击这种军阵的战法,袭击和扰乱它的驻地,先挫伤其士气,然后以小部队突然进攻,迅速撤离,消耗和疲劳它,不要与它正面交战,楚军就可以打败。燕国人性情忠厚,民众谨慎,好勇尚义,军队作战很少运用诈谋,所以燕阵兵力部署利于坚守但不善于机动作战。攻击这种军阵的战法,与燕军刚一接触就对它施加压力,袭扰一下就迅速撤离,奔袭它的后方,使它的将领疑惑,士卒恐惧,同时将我军车骑埋伏在其必经的道路上,燕军的将领就可以被我俘获。韩国和赵国地处中原,人性温和,国家政令平稳,民众疲于战争,厌烦打仗,轻视将领,鄙薄爵禄,士卒没有决死拼斗的意志,所以韩阵和赵阵虽然整齐划一,但不实用于作战。攻击这种军阵的战法,必须以坚固的阵势压制它,如其兵力众多前来攻击就阻击它,若其退却就追击它,以此疲劳它的军队。这就是六国的大概形势。"

"然而在一支军队内部,必定有像猛虎那样的勇士;力气大的能把鼎轻松地举起来,腿脚轻捷的跑起来能追上战马,作战时能拔敌军旗、斩杀敌将,一定要有这样能干的人。像这样的人,选拔出来分别使用,爱惜和重用他们,这就是三军的命脉。凡是擅长使用各种兵器、身强力壮动作敏捷、立志杀敌的人，必须给他们加官晋爵，这样就可以夺取战争的胜利。同时还要厚待他们的父母妻儿，激励他们立功受奖，使他们害怕受到惩罚，使他们成为能坚守军阵的人，从而可以与敌军持久作战。能够审慎地处理好这些问题，便可以攻击成倍的敌人了。"

魏武侯说："你讲得很好！"

吴起说："通常判断敌情，不必占卜就可以与敌交战的有八种情况：一是敌军在狂风严寒的天气中长途行军，昼夜兼程，还要砍木造筏渡河，不顾部队的艰难困苦；二是冒着盛夏炎热的天气，休息与行动没有节制，驱使部队忍着饥渴长途行军；三是敌军长期留驻在外，粮食已经吃完，百姓怨恨愤慨，灾祸和谣言不断发生，将领制止不住；四是军需物资已经耗尽，柴草饲料严重短缺，天气又多阴雨，没地方去掠夺；五是敌军兵力不多，水土不服，人马患有疫病，四邻的援兵不来；六是长途跋涉已近傍晚，士卒疲劳恐惧，困乏饥饿，纷纷解甲休息；七是敌军将吏没有威信，军心动摇，全军数次惊恐混乱，又没有援助；八是阵势没有摆好，宿营尚未完毕，爬山越险只过了一半。凡是遇到这些情况，都可以向敌人攻击，不要有任何迟疑。"

"不必占卜就应避免与敌交战"的有六种情况：一是敌国土地广大，人民富裕，人口众多；二是国君将吏爱护民众和士卒，普遍地施加恩惠；三是赏罚分明，处理及时得当；四是按战功的大小排列爵位，任用贤德和有才能的人；五是敌军兵力众多，武器装备精良；六是有四周邻国的帮助，又有诸侯大国的支援。凡是在这些方面不如敌军，就应避免与它交战，不要有任何犹疑。这就是说，看到可以取胜就发起进攻，知道难以败敌就要撤退。"

魏武侯问："我想通过观察敌军的外部情况，来了解它内部的虚实，观察它的行动来知道它的企图，以便判定作战的胜负，可有什么方法讲给我听听吗？"

吴起回答说:"敌军到来时,稀松散漫,毫无顾忌,军旗凌乱,人马左顾右盼,对这样的军队可以以一击十,必然打它个措手不及。诸侯没有会合,君臣之间不和睦,作战的工事没有修好,军令没有宣布施行,三军哄嚷,要前进不能前进,想后退又不敢后退,对这样的军队可以半击倍,百战不败。"

魏武侯问在什么情况下,一定可以攻击敌人的方法。

吴起回答说:"用兵必须察明敌军的虚实,然后攻击它的薄弱或要害之处。敌军远来刚到,战斗队形未展开的,可以攻击;刚吃完饭,没有任何防备的,可以攻击;部队慌乱奔走的,可以攻击;疲劳过度的,可以攻击;敌军所处地形不利的,可以攻击;气候节气不顺的,可以攻击;军旗混乱的,可以攻击;长途行军后,部队未得到休息的,可以攻击;敌军涉水渡河,过了一半的,可以攻击;在险峻狭隘道路上的,可以攻击;敌军阵势频繁移动的,可以攻击;将领脱离士卒的,可以攻击;军心动摇恐惧的,可以攻击。凡是遇到上述这些情况,就应选派精锐部队发起冲击,然后再派遣后续部队投入战斗,急速攻击,不要迟疑。"

治兵第三

武侯问曰:"进兵之道何先?"

起对曰:"先明四轻①、二重、一信。"

曰:"何谓也?"

对曰:"使地轻马,马轻车,车轻人,人轻战。明知险易,则地轻马。刍秣②以时,则马轻车。膏锏③有余,则车轻人。锋锐甲坚,则人轻战。进有重赏,退有重刑。行之以信。审能达此,胜之主也。"

武侯问曰:"兵何以为胜?"

起对曰:"以治为胜。"

又问曰:"不在众寡?"

对曰:"若法令不明,赏罚不信,金④之不止,鼓之不进,虽有百万,何益于用?所谓治者,居则有礼,动则有威,进不可当,退不可追,前却有节,左右应麾⑤,虽绝成陈,虽散成行。与之安,与之危,其众可合而不可离,可用而不可疲。投之所往,天下莫当,名曰父子之兵。"

吴子曰:"凡行军之道,无犯进止之节,无失饮食之适,无绝人马之力。此三者,所以任其上令。任其上令,则治之所由生也。若进止不度,饮食不适,马疲人倦而不解舍⑥,所以不任其上令。上令既废,以居则乱,以战则败。"

吴子曰:"凡兵战之场,立尸之地。必死则生,幸生则死。其善将者,如坐漏船之中,伏烧屋之下,使智者不及谋,勇者不及怒,受敌可也。故曰,用兵之害,犹豫最大;三军之灾,生于狐疑。"

吴子曰:"夫人常死其所不能,败其所不便。故用兵之法,教戒为先。一人学战,教成十人。十人学战,教成百人。百人学战,教成千人。千人学战,教成万人。万人学战,教成三军。以近待远,以佚⑦待劳,以饱待饥。圆而方之,坐而起之,行而止之,左而右之,前而后之,分而合之,结而解之。每变皆习,乃授其兵。是为将事。"

吴子曰:"教战之令,短者持矛戟,长者持弓弩,强者持旌旗,勇者持金鼓,弱者给厮养⑧,智者为谋主。乡里相比⑨,什伍相保。一鼓整兵,二鼓习陈,三鼓趋食,四鼓严辨,五鼓就行。闻鼓声合,然后举旗。"

武侯问曰:"三军进止,岂有道乎?"

起对曰:"无当天灶,无当龙头。天灶者,大谷之口。龙头者,大山之端。必左青龙⑩,右白虎⑪,前朱雀⑫,后玄武⑬,招摇在上,从事于下。将战之时,审候风所从来。风顺致呼而从之,风逆坚陈以待之。"

武侯问曰:"凡畜车骑,岂有方乎?"

起对曰:"夫马,必安其处所,适其水草,节其饥饱。冬则温厩,夏则凉庑。刻剔毛鬣⑭,谨落⑮四下。戢其耳目,无令惊骇。习其驰逐,闲其进止。人马相亲,然后可使。车骑之具,鞍、勒、衔、辔,必令完坚。凡马不伤于末,必伤于始。不伤于饥,必伤于饱。日暮道远,必数上下。宁劳于人,慎无劳马。常令有余,备敌覆我。能明此者,横行天下。"

[注释]

①轻:便利。②秣:饲料。③膏:油脂。锏:战车车轴上的铁。④金:即钲,金属打击乐器。⑤麾:同"挥"。⑥解舍:解甲休息。⑦佚:同"逸"。⑧厮:养马的人。养:做饭的人。厮养:泛指勤杂兵。⑨比:邻近。这里指编在一起。⑩青龙:绘有龙的青色军旗,一般为左军或左阵使用。⑪白虎:绘有熊虎的白色军旗,一般为右军或右阵使用。⑫朱雀:绘有鸟的红色军旗,一般为前军或前阵使用。⑬玄武:绘有龟蛇的黑色军旗,一般为后军或后阵使用。⑭鬣:马的鬃毛。⑮落:削去。

[译文]

魏武侯问道:"部队行军作战的方法首先应该掌握什么呢?"

吴起回答说:"首先要懂得'四轻'、'二重'、'一信'。"

魏武侯问道:"这是什么意思?"

吴起回答说:"四轻就是要选择地形适于战马驰骋,战马驾驶战车跑得轻快,战车使人操纵轻便,人员便于作战。熟悉地形的险易,就可以选择平坦的道路让战马跑得轻快。及时地喂养战马,战马驾驶战车就跑得轻松。车轴经常涂抹膏油，人操纵战车就轻便。兵器锋利，甲胄坚固，士卒就便于作战。二重就是前进要有重赏，后退处以重罚。一信就是赏罚严守信用。确实做到了这些，就具备了取胜的主要条件了。"

魏武侯问道："军队依靠什么取胜呢？"

吴起回答说："依靠严格治理取胜。"

魏武侯又问道："不在于兵力的多少吗？"

吴起回答说："如果法令不严明，赏罚无信用，鸣金不能收兵，击鼓不能前进，虽然有百万大军，又怎么能用于作战呢？所谓治理好军队，要求驻扎时守纪律，行动时很威武，进攻时锐不可当，撤退时敌人追赶不及，前进后退有秩序，向左向右听指挥，队伍虽然被隔断，但阵势不乱，队形虽然被冲散，但能恢复行列。将领与士卒同安乐，共危难，这样的士卒能团结一致而不会分离，能用于作战而不会疲惫。这样的军队不论投入到哪里战斗，任何敌人都不能抵挡，这就叫做父子之兵。"

吴起说："一般行军的原则，不能打乱行进停止的节制，不要耽误饮食的时间，不要使人马疲劳过度。这三条做到了，就能使士卒听从上级的命令。士卒服从上级命令，这是治理好军队的根本。如果行进停止毫无节度，饮食不能适时，人马疲倦而不能解甲住宿，这样士卒就不会听从上级的命令。上级的命令不能执行，用这样的军队驻守就会混乱，用他们去作战就会失败。"

吴起说："凡是两军交锋的战场，都是流血死亡的地方，抱着必死的决心战斗则可能有生路，如侥幸贪生就会死亡。善于指挥打仗的将领，就像坐在漏水的船中、身处着火的房子之下那样必须当机立断，使有智谋的人来不及考虑，勇敢的人来不及发怒，就率军迎敌作战。所以说，将领的犹豫不决，是用兵最大的祸害；军队的灾难，往往产生于多疑。"

卷 上

吴起说:"将士常常战死于缺乏打仗的本领,军队往往失败于战法不灵活。所以用兵的方法,首先在于加强教育训练。一个人学会打仗,可以教会十人。十个人学会打仗,可以教会百人。一百个人学会打仗,可以教会千人。一千个人学会打仗,可以教会万人。一万个人学会打仗,可以教会三军。战法要训练以近待远,以逸待劳,以饱待饥。阵法要训练圆阵变方阵,坐姿变立姿,前进变停止,向左变向右,向前变向后,分散变集中,集中变分散。各种战斗队形变换都训练熟悉后,才给士卒授予兵器,这就是将领的任务。"

吴起说:"教练作战的法则,就是身材矮小的使用矛或戟,身材高大的使用弓和弩,身强力壮的扛大旗,作战勇敢的操金鼓,体质较弱的担负勤杂,有智慧的充当谋士。把同乡同里的人编在一起,使同什同伍的彼此联保。一次击鼓检查整理兵器,二次击鼓练习阵法,三次击鼓迅速吃饭,四次击鼓整装待命,五次击鼓排好队列。听到鼓声齐鸣,然后举令旗指挥大军行动。"

魏武侯问道:"军队的开进或屯驻,难道有什么规则吗?"

吴起回答说:"不要正对着天灶扎营,不要在龙头上驻兵。所谓天灶,就是大山的谷口。所谓龙头,就是大山的山顶。军队驻守时必须左军用青龙旗,右军用白虎旗,前军用朱雀旗,后军用玄武旗,中军用招摇旗在高处指挥,部队在下面按旗号行动。临战的时候,还要观测风从哪个方向吹来。顺风就乘势呐喊,攻击敌军,逆风就坚守阵势,待机破敌。"

魏武侯问道:"驯养战马,有什么方法吗?"

吴起回答说:"马匹,必须安置在适宜的处所,适时地给它饮水喂草,节制它的饥饱,冬天要使马厩温暖,夏天要让马棚凉爽。要经常剪刷鬃毛,细心地铲蹄钉掌。要训练战马的听觉和视觉,不要使它受惊吓。让战马练习奔驰追逐,熟悉前进停止的动作。人和马要相互熟悉,然后才可以用于作战。战马的装具如马鞍、笼头、嚼子、缰绳，务必保持完好坚固。通常马不是受伤在跑完长途之后，就是受伤于开始使用之时。不是因为饥饿受伤，就是由于过饱受伤。如天色已晚，路程又很遥远，人就应经常下马走一段，再上马骑一段。宁可让人受点劳累，也不要使马疲乏。经常使战马保持充裕的体力，防备敌军突然袭击我军。能够明白这些道理，就能无敌于天下。"

卷 下

论将第四

吴子曰:"夫总文武者,军之将也。兼刚柔①者,兵之事也。凡人论将,常观于勇。勇之于将,乃数分之一尔。夫勇者必轻合②。轻合而不知利,未可也。故将之所慎者五:一曰理,二曰备,三曰果,四曰戒,五曰约。理者,治众如治寡。备者,出门如见敌。果者,临敌不怀生。戒者,虽克如始战。约者,法令省而不烦。受命而不辞,敌破而后言返,将之礼也。故师出之日,有死之荣,无生之辱。"

吴子曰:"凡兵有四机③:一曰气机,二曰地机,三曰事机,四曰力机。三军之众,百万之师,张设轻重,在于一人,是谓气机。路狭道险,名山大塞,十夫所守,千夫不过,是谓地机。善行间谍,轻兵往来,分散其众,使其君臣相怨,上下相咎,是谓事机。车坚管辖④,舟利橹楫⑤,士习战陈,马闲驰逐,是谓力机。知此四者,乃可为将。然其威、德、仁、勇,必足以率下安众,怖敌决疑。施令而下不敢犯,所在而寇不敢敌。得之国强,去之国亡。是谓良将。"

吴子曰:"夫鼙鼓金铎⑥,所以威耳。旌旗麾帜,所以威目。禁令刑罚,所以威心。耳威于声,不可不清。目威于色,不可不明。心威于刑,不可不严。三者不立,虽有其国,必败于敌。故曰,将之所麾,莫不从移;将之所指,莫不前死。"

吴子曰:"凡战之要,必先占其将而察其才。因形用权,则不劳而功举。其将愚而信人,可诈而诱;贪而忽名,可货而赂;轻变无谋,可劳而困;上富而骄,下贫而怨,可离而间;进退多疑,其众无依,可震而走。士轻其将而有归志,塞易开险,可邀而取。进道易,退道难,可来而前⑦。进道险,退道易,可薄而击。居军下湿,水无所通,霖雨数至,可灌而沈。居军荒泽,草楚幽秽,风飙数至,可焚而灭。停久不移,将士懈怠,其军不备,可潜⑧可袭。"

武侯问曰:"两军相望,不知其将,我欲相⑨之,其术如何?"

起对曰:"令贱而勇者,将轻锐以尝⑩之。务于北,无务于得,观敌之来,一坐⑪一起,其政⑫以理,其追北佯为不及,其见利佯为不知,如此将者,名为智将,勿与战矣。若其众谨⑬哗,旌旗烦乱,其卒自行自止,其兵或纵或横,其追北恐不及,见利恐不得,此为愚将,虽众可获。"

[注释]

①刚柔:指有勇有谋。②轻合:轻率地同敌军交兵。合:合兵,交兵。③机:古代弩上的发射机关,此处指事物的关键。④管辖:指战车车轴两边的铁插销。⑤橹楫:划船的工具,形状较大,安在船后单摇的称橹;形状较小,安在船两旁双划的称楫,又叫桨。⑥鼙鼓金铎:均为古代军队指挥作战的工具。⑦前:通"翦",翦灭,消灭。⑧潜:悄悄地。⑨相:侦察,了解。⑩尝:尝试,试探。⑪坐:停止,停留。⑫政:军政,治理,指挥。⑬谨:喧

哗吵闹，声音嘈杂。

[译文]

吴起说："文武兼备的人，才能担任军队的将领。刚柔相济的人，才能统兵作战。一般人在评论将领时，常常只着眼于勇敢。其实勇敢对于将领来说，只是应该具备的若干条件之一而已。仅凭勇敢的将领，必然会轻率地与敌人交战，轻率地与敌人交战，就不会考虑利害得失，这是不可取的。所以将领必须慎重对待的有五个方面：一是理，二是备，三是果，四是戒，五是约。理，就是治理百万大军如同治理兵力很少的小部队一样。备，就是军队一出动如同遇到敌人那样警惕。果，就是临敌作战不考虑个人的生死。戒，就是虽然已经打败敌人仍同战斗开始那样戒备。约，就是法令简明而不烦琐。接受命令决不推辞，打败敌人后才请求回师。这都是将领应该遵守的礼法。所以从率军出征的那一天起，就应该下定决心，宁可光荣战死，决不忍辱偷生。"

吴起说："用兵有四个关键问题：一是掌握士气，二是利用地形，三是运用谋略，四是增强战斗力。三军人马众多，上百万大军，掌握士气的盛衰，全在于将领一人，这就是掌握士气的关键。利用道路险狭，高山要塞，十个人防守，一千个人也过不去，这就是利用地形的关键。善于使用间谍，派遣小部队活动，分散敌人的兵力，使其君臣彼此埋怨，上下互相责难，这就是运用谋略的关键。战车的轮轴坚固，战船的橹桨轻便，士卒熟悉阵法，战马娴于驰骋，这就是提高部队战斗力的关键。把握了这四个关键，才可以担任将领。而且将领的威望、品德、仁爱、勇敢，都必须要足以表率下属，稳定部队，威慑敌军，决断难疑。发布命令属下不敢违犯，所到之处敌军不敢抵挡。得到这样的将领，国家就强盛，失去这样的将领，国家就衰亡。这就是良将。"

吴起说："军鼓铃铎，是通过听觉来号令部队的。旌旗麾帜，是通过视觉来号令部队的。禁令刑罚，是用来统一军心的。听觉统一行动靠声音，所以金鼓之声不可不清楚。视觉统一行动靠颜色，所以旗帜的颜色不可不鲜明。军心的统一靠刑罚，所以刑罚不可不严厉。这三条原则不确立，虽然有国家，也必定会被敌人打败。所以说，将领的令旗挥动所向，部队没有不听从行动的；将领的号令所指，部队没有不拼死向前杀敌的。"

吴起说："一般来说，作战中最重要的，首先侦知敌将的情况并观察他的才能。根据敌人情况采用灵活的权谋，就可以不费多大力量取得胜利。敌将愚蠢而轻信于人，可用诈骗手段诱惑他；敌将贪图私利而不顾名誉，可用资财贿赂他；敌将轻易改变主意而缺少智谋，可以扰乱疲困他；敌将上级富裕而骄奢，下级贫困而怨愤，可以利用矛盾离间他们；敌将进退迟疑不决，部队无所适从，可用威势吓跑他。士卒轻视将领而厌战思归，就可以把大道堵塞，把险路让开，用截击的战法取胜。敌人进路平易，退路困难，就引诱敌人前进而加以歼灭。敌人进路艰险，退路平坦，就逼近敌人攻击。敌人在低洼潮湿的地方驻扎，无法排除积水，若经常下雨，就可以灌水淹没他。敌人在荒芜的湖沼地带驻扎，杂草灌木丛生，若经常刮狂风，可以用火攻消灭他。敌人久驻一地不转移，将士懈怠，部队疏忽戒备，就可以偷袭他。"

魏武侯问道："两军对阵，不知敌将的情况，我想观察他的才能，有什么办法呢？"

吴起回答说："命令一员勇敢的下级军官，率领轻兵锐卒去试攻，只许败，不准胜，以观察敌军前来的行动，如果敌军指挥得很有条理，向我追击时佯装追不上，看到散于地上的财物假装没看见，像这样的将领，是有谋略的，不要与他交战。如果敌军喧哗嘈杂，军旗纷繁杂乱，士卒自由行动，兵器横七竖八，追击时唯恐追不上，见到资财唯恐抢不到，这是愚蠢的将领，敌军虽多也可以俘获他。"

应变第五

武侯问曰:"车坚马良,将勇兵强,卒①遇敌人,乱而失行,则如之何?"

吴起对曰:"凡战之法,昼以旌旗幡②麾为节③,夜以金鼓笳④笛为节。麾左而左,麾右而右。鼓之则进,金之则止。一吹而行,再吹而聚,不从令者诛。三军服威⑤,士卒用命,则战无强敌,攻无坚陈矣。"

武侯问曰:"若敌众我寡,为之奈何?"

起对曰:"避之于易,邀之于阨⑥。故曰,以一击十,莫善于厄,以十击百,莫善于险,以千击万,莫善于阻。今有少卒卒起,击金鸣鼓于厄路,虽有大众,莫不惊动。故曰,用众者务易,用少者务隘。"

武侯问曰:"有师甚众,既武且勇,背大阻险,右山左水,深沟高垒,守以强弩,退如山移,进如风雨,粮食又多。难与长守,则如之何?"

起对曰:"大哉问乎!此非车骑之力,圣人之谋也。能备千乘万骑,兼之徒步,分为五军,各军一衢⑦。夫五军五衢,敌人必惑,莫之所加。敌人若坚守以固其兵,急行间谍以观其虑。彼听吾说,解之而去。不听吾说,斩使焚书,分为五战。战胜勿追,不胜疾归。如是佯北,安行疾斗,一结⑧其前,一绝其后。两军衔枚⑨,或左或右,而袭其处。五军交至,必有其利。此击强之道也。"

武侯问曰:"敌近而薄我,欲去无路,我众甚惧,为之奈何?"

起对曰:"为此之术,若我众彼寡,各分而乘之。彼众我寡,以方⑩从之。从之无息,虽众可服。"

武侯问曰:"若遇敌于谿谷⑪之间,傍多险阻,彼众我寡,为之奈何?"

起对曰:"遇诸丘陵、林谷、深山、大泽,疾行亟去,勿得从容。若高山深谷,卒然相遇,必先鼓噪而乘之。进弓与弩,且射且虏。审察其政,乱则击之勿疑。"

武侯问曰:"左右高山,地甚狭迫,卒遇敌人,击之不敢,去之不得,为之奈何?"

起对曰:"此谓谷战,虽众不用。募吾材士与敌相当,轻足利兵以为前行,分车列骑隐于四旁,相去数里,无见⑫其兵,敌必坚陈,进退不敢。于是出旌列旆⑬,行出山外营之,敌人必惧。车骑挑之,勿令得休。此谷战之法也。"

武侯问曰:"吾与敌相遇大水之泽,倾轮没辕,水薄车骑,舟楫不设,进退不得,为之奈何?"

起对曰:"此谓水战,无用车骑,且留其傍。登高四望,必得水情。知其广狭,尽其浅深,乃可为奇以胜之。敌若绝水,半渡而薄之。"

武侯问曰:"天久连雨,马陷车止,四面受敌,三军惊骇,为之奈何?"

起对曰:"凡用车者,阴湿则停,阳燥则起,贵高贱下,驰其强车。若进若止,必从其道。敌人若起,必逐其迹。"

武侯问曰:"暴寇卒来,掠吾田野,取吾牛羊,则如之何?"

起对曰:"暴寇之来,必虑其强,善守勿应。彼将暮去,其装必重,其心必恐,还退务速,必有不属⑭。追而击之,其兵可覆。"

吴子曰:"凡攻敌围城之道,城邑既破,各入其宫⑮。御⑯其禄秩,收其器物。军之所至,无刊其木、发其屋、取其粟、杀其六畜、燔其积聚,示民无残心。其有请降,许而安之。"

[注释]

①卒:同"猝",突然。②幡:长条形军旗。③节:节制,此处指号令。④笳:古代用于指挥军队的一种吹奏乐器。⑤服威:服从指挥。⑥藁:古邑名。⑦衢:大道,道路。⑧结:此处为牵制之意。⑨衔枚:古代行军时为保持肃静,让士卒在口中含着一根像筷子的枚,枚的两端有带,系在颈上,使枚不从口中掉出。⑩方:并,这里指集结、集合。⑪豁谷:山间有小溪流的谷地。⑫见:同"现",显露。⑬旆:杂色镶边的军旗。⑭属:相连接、相统属的意思。⑮宫:居室,这里指官府。⑯御:驾驭,控制。

[译文]

魏武侯问道:"我军战车坚固,马匹优良,将领勇敢,士卒强壮,如果突然遭遇敌人,队伍混乱不成行列,那怎么办呢?"

吴起回答说:"通常作战的方法,白天用旌旗幡麾来指挥,夜间用金鼓笳笛来指挥。指挥向左部队就向左,指挥向右部队就向右。擂鼓就前进,鸣金就停止。第一次吹笳笛部队就行动,第二次吹笳笛部队就集合,不听从命令就诛杀。三军畏服威严,士卒执行命令,这样就没有打不败的强大敌人,没有攻不破的坚固阵势。"

魏武侯问道:"如果遇到敌众我寡的情况,那该怎么办呢?"

吴起回答说:"在平坦地形上避免与敌交战,在险要地形截击敌人。所以说,以一击十,最好是利用狭隘道路;以十击百,最好是利用险峻地形;以千击万,最好是利用险阻地带。马上派少数士卒突然出现在狭险的地形上鸣金击鼓,即使敌人众多,也没有不惊慌失措的。所以说,使用众多的兵力作战,务求地形平坦,使用少量兵力,务求地形险要。"

魏武侯问道:"敌军人多势众,训练有素,作战勇敢,背靠高山,

卷下 179

前临险要，右依山，左临水，挖有很深的沟壕，筑有很高的壁垒，有强大的弩兵防守，后退稳如山移，前进疾如风雨，粮食又很充足。很难与它长期相持，那该怎么办呢？"

吴起回答说："您提的这个问题很大呀！这不能单凭车骑的力量，而是要靠圣贤之人的谋略才能取胜。如果能够配备战车千辆、骑兵万人，加上相应的步兵，编为五支部队，每部各为一路。五支部队成五路进发，敌人必然疑惑，不知道我们将要攻击什么地方。敌军如果坚守阵势，稳定它的部队，就应迅速派出使者，试探它的企图。如果敌方听从我方劝说，我方就撤兵退回。如若不听从我方劝说，必会杀我方使者，烧掉我方送去的书信，那么就分五路与敌交战。打胜了不要追击，不胜就迅速撤回。像这样伴装败阵，要行动慎重，反击敌人迅速，一支部队从正面牵制敌人，一支部队截断它的后路。两支部队隐蔽前进，从左右两侧袭击敌军据守的阵地。五支部队全部到达，必然形成强有力的态势。这就是攻击强敌的战法。"

魏武侯问道："敌军逼近胁迫我，想撤退没有路，部队军心恐惧，那该怎么办呢？"

吴起回答说："对付这种情况的办法，如果我众敌寡，就分兵几路合击敌人。如敌众我寡，就集中兵力攻击敌人。不断地袭扰他，敌军虽多也能被制服。"

魏武侯问道："如果与敌军遭遇在溪谷之地，两旁地形险峻，而且敌众我寡，应该怎么办呢？"

吴起回答说："遇到丘陵、森林、谷地、深山、大泽等不利地形，必须迅速通过，不能迟疑拖延。如果在高山深谷之间，突然与敌遭遇，必须击鼓呐喊乘势攻击敌军。派弓弩手向前推进，一面射箭一面考虑计谋。如果敌军的阵势混乱惊恐，就立刻攻击，不要迟疑。"

魏武侯问道："左右都是高山，地形十分狭窄，与敌突然遭遇既不敢进攻，又不能撤退，那该怎么办呢？"

吴起回答说:"这叫做谷战,兵力虽多也用不上。我们应挑选精锐士卒与敌对抗,以轻捷善走、使用锋利兵器的士卒为前队,把车兵骑兵分别隐蔽在四周,彼此相距数里,不要暴露自己的兵力,敌军必然固守阵势,不敢进也不敢退。这时我们突然亮出排列整齐的旌旗,整队走出山外安营扎寨,敌军必然惧怕。然后派车骑向敌挑战,不让其得到休息。这就是谷战的战法。"

魏武侯问道:"我军在大湖水泊地带与敌遭遇,车轮倾陷,车辕淹没,车兵骑兵都有被吞没的危险,又没有准备船只,进退两难,那该怎么办呢?"

吴起回答说:"这叫做水战,车兵骑兵都无法使用,暂时留在湖泊的旁边。登上高处四面瞭望观察,一定要掌握水情。确知水域的宽窄,查清水的深浅,就可以出奇制胜。敌军如果渡水,就乘其渡过一半发起攻击。"

魏武侯问道:"天气阴雨连绵,车马被陷在泥中不能行动,四面受敌威胁,三军惊慌恐惧,那该怎么办呢?"

吴起回答说:"凡是使用战车作战,阴雨泥泞就停下来,天晴地干就行动,选择高处避开洼地,让强固的战车驰行。无论前进或者停止,必须顺着道路走。敌军战车如果行动,必须追踪它的车辙去向。"

魏武侯问道:"强暴的敌寇突然来袭,掠夺我们田野上的庄稼,抢劫我们的牛羊,那该怎么办呢?"

吴起回答说:"强暴的敌寇来袭,必须考虑到其来势凶猛,要好好坚守不要应战。天黑时敌人撤走,其装载必然沉重,军心必然恐惧,只想尽快撤走,队伍必然互不统属。这个时候追击敌人,就可以歼灭敌人。"

吴起说:"一般攻敌围城的原则,就是城邑攻破后,部队分别进驻敌人的官府,控制他们有俸禄爵秩的官吏和贵族,没收他们的器皿和财物。军队所到之处,不准砍伐树木、拆毁房屋、抢夺粮食、宰杀牲畜、焚烧储存的财物，向民众表示没有残害之心。如有请求投降的，应当予以准许并且安抚他们。"

励士第六

武侯问曰："严刑明赏，足以胜乎？"

起对曰："严明之事，臣不能悉。虽然，非所恃也。夫发号布令而人乐闻，兴师动众而人乐战，交兵接刃而人乐死。此三者，人主之所恃也。"

武侯曰："致之奈何？"

对曰："君举有功而进飨①之，无功而励之。"

于是武侯设坐庙廷为三行飨士大夫②。上功坐前行，肴③席兼重器、上牢④。次功坐中行，肴席器差减⑤。无功坐后行，肴席无重器。飨毕而出，又颁赐有功者父母妻子于庙门外，亦以功为差。有死事之家，岁遣使者劳赐其父母，著不忘于心。行之三年，秦人兴师，临于西河，魏士闻之，不待吏令，介胄⑥而奋击之者以万数。

武侯召吴起而谓曰："子前日之教行矣。"

起对曰："臣闻人有短长，气有盛衰。君试发无功者五万人，臣请率以当之。脱其不胜，取笑于诸侯。失权于天下矣。今使一死贼伏于旷野，千人追之，莫不枭视⑦狼顾。何者？忌其暴起而害己。是以一人投命⑧，足惧千夫。今臣以五万之众，而为一死贼，率以讨之，固难敌矣。"

于是武侯从之，兼车五百乘，骑三千匹，而破秦五十万众，此励士之功也。

先战一日，吴起令三军曰："诸吏士当从受敌。车骑与徒，若车不得车，骑不得骑，徒不得徒，虽破军皆无功。"故战之日，其令不烦而威震天下。

[注释]

①飨：宴请。②士大夫：指当时的将士。③肴：熟肉。④上牢：即太牢，古代祭祀或宴席上整只的牛、羊、猪三牲。⑤差减：依次减少。⑥介胄：穿戴盔甲。⑦枭视：像猫头鹰找寻猎物那样看。⑧投命：不顾性命。

[译文]

魏武侯问道："赏罚严明，就足以打胜仗了吗？"

吴起回答说："赏罚严明的事情，我不能详尽说明。即使对打胜仗很重要，也不能完全依靠它。发布号令而人们乐意听从，出兵打仗而军队乐意作战，两军交战而将士乐意效死。这三条，才是君主可以依靠的。"

魏武侯问道："怎样才能做到这三条呢？"

吴起回答说："君主选拔有功人员而宴请他们，对没有立功的人就激励他们。"

于是魏武侯便在宫廷设宴，分三排席位款待将士。立上等功的坐在前排，吃上等酒席，并使用贵重的器皿和整只的牛、羊、猪三牲。立二等功的坐中排，吃中等酒席，使用的器皿次一等。没有立战功的坐后排，只有酒席，没有贵重器皿。宴席结束后，魏武侯又在宫门外赏赐有功人员的父母妻儿，也按战功大小而有所差别。对阵亡将士的家庭，每年派使者慰劳和赏赐他们的父母，表明没有忘记他们。这个办法实行了三年后，秦国出兵，临近西河地区，魏国的士卒听到这个消息，不等待将吏的命令，自动穿戴盔甲奋起抗敌的有上万人。

魏武侯召见吴起，并对他说："你以前的指教，如今已见到成效了。"

吴起回答说："我听说人有短长，士气也有盛衰。君主可试派五万名没有立战功的人，我请求率领他们去抵抗秦军。如果不能取胜，就会被诸侯耻笑。在天下诸侯中丧失威信。譬如，有一个亡命之徒隐伏在旷野里，上千人追捕他，没有一个不瞻前顾后的。这是什么原因呢？因为怕他突然出来伤害自己。所以一人拼命，能使上千人害怕。现在我用五万人，使每个人都像一个亡命之徒，率领他们征讨敌人，敌人当然难以抵挡。"

魏武侯听从了他的意见，并给他加派了战车五百辆、战马三千匹，打败了秦军五十万人，这是激励士气的功效。

在作战的前一天，吴起向三军发布命令说："各位将士都要跟着我去迎击敌军。不论车兵、骑兵还是步兵，如果车兵不能缴获敌人的战车，骑兵不能擒获敌人的战马，步兵不能俘获敌人的步兵，即使打败敌人，也不算立下战功。"所以在作战的那一天，他发布的命令不多，就能威名远扬，震动天下。